怪咖 心理學 之

THE
SIMPLE IDEA
THAT CHANGES
EVERYTHING

鍛鍊正能量的終極祕技，
用科學方法讓好事成真！

李察‧韋斯曼——著
洪慧芳——譯

Rip It
UP

RICHARD
WISEMAN

謹獻給 雷諾和布蘭達

「想要某項特質，就表現出你好像已經具備了。」

——哲學家威廉・詹姆斯（William James），一八八四年

序：開始行動吧！

　　激勵大師和企業教練經常鼓吹一個簡單的理念：想改變生活，就要先改變思維；抱持正念，就能活得更快樂；想像完美自我，自然會向上提升；像有錢人一樣思考，就能奇蹟致富。乍聽之下，這些想法都很合理；實際上，卻經常行不通。研究顯示，一般人很難持續抱持著快樂的想法；員工再怎麼想像自我完美，還是無法升遷；整天做發財夢的人也無法致富。

　　一百多年前，維多利亞時期的優秀哲學家威廉・詹姆斯（William James）提出截然不同的改變方法。此後，世界各地的研究者做了數百種實驗來驗證詹姆斯的理論，發現該理論可以應用在人類生活的各個層面。更重要的是，他的研究促成許多簡單有效的方法，幫大家變得更快樂、擺脫煩惱與焦慮、墜入情網、永遠幸福、維持曼妙身材、增強意志力與信心，甚至延緩老化。這項研究已在無數的科學研討會中提出，在許多學術期刊上發表，卻鮮為大眾所知。

　　我在上一本著作《59秒變A咖》（*59 Seconds*）中，提過這項理論的諸多應用。本書則是更進一步介紹詹姆斯的革命性理論，深入淺出地闡明為什麼你相信的思維運作方式是錯的，證明改變不見得很難，並說明一系列簡單可行的技巧，幫你改善日常生活的各個面向。

　　本書從頭到尾都在請你改變行為，為了強調這個關鍵重點，

我想請你做一件我猜你從來沒做過的事：在閱讀的過程中，撕掉書的一部分。我猜，現在你的腦中可能閃過兩個念頭。

首先，你可能心想：「不～～～～，我討厭撕書！」這可是實驗的重點。當你叫人們改變行為時，對方會馬上舉出很多理由，來說明他們為什麼應該維持現狀。會出現這種態度十分正常（畢竟，行為很快就在我們的腦中根深柢固，像老朋友一樣熟悉），但，它也成了改變的最大阻礙。克服這個困難的最好方法，就是做之前沒做的事：讓你感到不安卻又無害的事，例如撕書。

其次，如果你是讀電子書，顯然你無法做這個實驗，沒關係，隨便找一本教你改變思維的勵志書，把它撕掉就行了。

為了起個頭，我們就從一個小改變開始吧。右頁圖中畫著「制式規則手冊」，現在就撕下它，並將它扯成四片，再把每片揉成紙團。希望你不會因此覺得太難過，而是感覺到腦中有些微但實質的改變。我希望你喜歡這個練習，因為本書會持續請你改變既有行為，每次都將讓你體會到思維與感受上有更明顯、重要的轉變。

該是你接納全新改變方法的時候了！這是有科學根據、顛覆傳統思維的方式，用最輕鬆、快速、有效的方法幫你改變生活。

現在，讓我們將身體坐直，深呼吸，開始行動！

CHAPTER I

行為改變情感

「始物於行。」

——歌德（Johann Wolfgang von Goethe），《浮士德》（Faust）

改變一切的簡單概念

心理學家認為，任何情感完全是人們觀察自己行為的結果。從這個角度來看，我們微笑從來不是因為開心，但是我們開心一定是因為微笑，情感和行為兩者相互影響。既然行為可以引發情感，那表示你只要舉止展現某種情感，就能創造那個感受。這就是「裝假成真」原理。

全球第一個在實驗室裡做的心理學實驗，發生於一八七九年，出自德國心理學家威廉‧馮特教授（Wilhelm Wundt）之手。這個歷史上著名的研究是在萊比錫大學的一個小房間裡進行，從這個實驗可以看出維多利亞時代的科學家如何研究人類的大腦。

馮特開創的實驗心理學大可以選擇研究各種引人入勝的主題。例如，人類為什麼會墜入情網？為什麼會相信上帝？為什麼有時候會想要自相殘殺？但他卻偏偏選擇做一種奇怪又詭異的小銅球實驗。

馮特和兩位學生圍在一張小桌前，把計時器、開關、精心設計的金屬台加以組合，接著在組合好的金屬台上放一顆銅球。一位學生把手放在離開關幾公釐的地方，很快地，銅球從金屬台上落下，同時啟動計時器。當學生一聽到銅球掉到桌上的聲音，就立刻按下開關，停止計時器。馮特仔細記錄計時器上的秒數，創造了心理學的第一個資料點。

如果你認為落球實驗做個一兩天，馮特就會闔上筆記本，報告實驗結果，然後去做下一個更有趣的實驗，那你就錯了。他持續做那個實驗好幾年，觀察數百人的實驗反應。就像物理學家想找出物質的本質一樣，馮特和他的團隊也想找出人類意識的基本組成。他們請有些受測者在一聽到銅球觸及桌面時就按下開關，請另一些受測者在完全意識到銅球碰撞的聲音時才按下開關。第一種情況是叫受測者把注意力集中在銅球上，第二種情況是叫受測者注意自己的想法。馮特認為，當實驗正確進行時，第一種反應代表單純的反射，第二種反應則牽涉到意識決策。不意外的是，很多受測者一開始也搞不清楚這兩種情況的細微差異，所以他們需要做上萬次測試後才能進入正式的實驗。

馮特仔細檢查實驗結果，得出以下結論：反射反應的時間平均需要十分之一秒，受測者對銅球落地聲的印象相當模糊；相反地，當受測者有意識地聆聽落球聲時，平均反應時間是十分之二秒，但對落球聲的印象卻清晰許多。

馮特在解開反射反應的奧祕後，一生致力投入數百個類似的實驗。他的研究方法意外產生極大的影響，十九世紀探索人類大腦的學者幾乎都是承襲他的方式。在歐洲各地的心理學實驗室裡，研究人員幾乎想都沒有多想，就延續那樣的實驗。

但是在美國，年輕的哲學家兼心理學家威廉·詹姆斯並沒有跟著一頭熱。

詹姆斯相當特別，一八四二年生於紐約，父親是白手起家的富翁，人脈廣但性情古怪，只有一條腿，是位宗教哲學家，對五個孩子的教育相當重視。所以詹姆斯小時候大多是由私人家教指

導，造訪了歐洲知名的博物館和藝廊，與作家梭羅（Henry Thoreau）、詩人丁尼生（Alfred Tennyson）、新聞主筆葛雷利（Horace Greeley）等名人交遊。詹姆斯的哥哥亨利後來成為著名的小說家，妹妹愛麗斯則成為日記作家。

詹姆斯早年習畫，二十幾歲時放棄藝術，進入哈佛醫學院研究化學與解剖學。哈佛校長查爾斯・艾略特（Charles Eliot）是詹姆斯家族的朋友，一八七二年艾略特聘請詹姆斯到哈佛講授脊椎動物生理學。詹姆斯很快就發現，他對人類心理的奧祕相當著迷。一八七五年，他開設美國第一門心理學課程，後來他說：「我聽過的第一門心理學課是我自己教的。」

詹姆斯覺得馮特的研究相當瑣碎，令人難以認同。他堅信心理學研究應該和生活有關，所以他完全不管銅球實驗和反應時間，而把注意力集中在一系列有趣又實用的議題上。例如，信仰上帝對嗎？人生值得活下去的原因是什麼？自由意志是否真的存在？

馮特和詹姆斯不僅研究人類思維的方式不同，在個性上也有諸多差異。馮特的個性古板保守、上課嚴肅正經、寫作乏味拖沓；詹姆斯則不拘小節、不端架子、穿著隨興（戴著大禮帽搭配及膝大衣和紅格紋長褲，外加一根手杖）、講課時穿插笑話和輕鬆的題外話，以致學生常覺得有必要請他正經一點。他也會寫一些淺顯易懂的幽默散文，像是「如果連可憐的蟑螂都可以感受到單戀的痛苦，這就是個沒良心的世界」之類的文章。

詹姆斯和馮特也發展出截然不同的工作方式。馮特是招募一大群學生來做他精心設計的實驗，實驗在嚴格的操控下進行。新

的受測者來實驗室的第一天，馮特會先叫他們排隊，然後沿著隊伍一一發送研究說明。實驗結束後，馮特會像法官或評審一樣，聽取學生回報實驗結果，如果學生回報的結果和老師的理論不符，就有可能被當。相反的，詹姆斯喜歡鼓勵學生自由思考，不喜歡把自己的想法強加給學生，他曾經抱怨同領域的某學者是填鴨式教學。

這兩位偉大的思想家毫不掩飾對彼此的敵意。詹姆斯的措辭充滿詩意，所以有些評論家說他把心理學的論文寫得跟小說一樣，他哥哥亨利則是把小說寫得跟心理學家一樣。馮特對詹姆斯無法認同，有人問他對詹姆斯的作品有何看法時，他回應：「美則美矣，但那不是心理學。」對此，詹姆斯則是指責馮特的理論前後不一，每本書講得都不一樣，「可惜他永遠不會一敗塗地……，就算把他像蟲子一樣切成八段，每一段都還會爬行……殺不死他。」

馮特的支持者眾，遠超過詹姆斯，歐洲幾乎每位心理學家都依循馮特的經典銅球實驗，做的研究愈來愈詭異。但詹姆斯依舊堅持自己的立場，繼續穿著紅格紋長褲在哈佛校園裡漫步，鼓勵學生思考人生的意義。

詹姆斯的堅持並沒有白費。如今打開任何一本當代的心理學課本，你很難找到有關馮特的描述或是他的銅球實驗。相反的，詹姆斯的想法仍廣受引用，大家視他為當代心理學之父。他的代表作《心理學原理》（*Principles of Psychology*）在一八九〇年首次出版，最近一位頂尖的史學家盛讚那是「迄今最具文學性、發人深省、引人入勝的心理學書籍」，目前這兩大冊書仍是學生修

習行為研究學時的必讀書目。哈佛心理系以詹姆斯的名字為系館命名，每年心理學協會也會頒發詹姆斯學術獎，給在心理學界有傑出貢獻的學者。

詹姆斯最偉大的貢獻，或許是他在多數人視為理所當然的現象背後，發現了那些現象的奧祕和實質意義。一八九二年，他思考以這種方式了解人類心理的重要性，並舉例說明他注意到的一些現象：

> 我們開心時為什麼會笑，生氣時為什麼不會？為什麼面對群眾時，我們不能像和友人對話一樣侃侃而談？為什麼某位妙齡女子令我們神魂顛倒？一般人只會說：「開心當然會笑啊！看到人群當然會心臟怦怦跳啊！我們當然愛妙齡女子啊，那曼妙身材裡包覆著美好的靈魂，如此顯而易見，讓人心馳蕩漾！」

這種思考方式讓詹姆斯得以發展出他最具爭議性的理論，顛覆了我們對人類思維的了解。

情感與行為的關係

一八八〇年代末期，詹姆斯把焦點轉移到情感和行為之間的關係。對門外漢來說，這個主題對舉世聞名的哲學家兼心理學家來說似乎是個奇怪的選擇。

一般認為，某些事件和想法會讓人產生情緒，進而影響行為。例如，深夜裡你赫然發現自己走在一條出奇黑暗的街道上，

或是老闆突然把你叫進他的辦公室，說要幫你加薪，或者你突然想起五歲時某次不小心從樓梯上跌下來。這些刺激讓你感覺到某種情緒，或許黑暗的街道讓你感到不安、加薪讓你開心、跌落樓梯的回憶讓你難過。最後，這些情緒影響了你的行為：害怕讓你出汗、開心讓你微笑、難過讓你流淚。從這個角度來看，感覺與行動之間的關連很直接，沒什麼特別，祕密揭曉，結案！

行為和情感

一般認為情感會促發行為：

不安→流汗

開心→微笑

難過→流淚

　　然而，詹姆斯以前研究過看似直截了當的心理現象，他知道傳統認知往往會造成嚴重的誤解。以詹姆斯對記憶的研究為例，多年來理論派的哲學家認為，記憶的運作就像肌肉，記得愈多，記憶力愈強。詹姆斯懷疑該理論的真實性。為此，他花了八天的時間，記錄自己背誦雨果（Victor Hugo）詩作《撒特》（*Satyr*）前一百五十八行的時間，他發現背誦一行平均需要五十五秒。接著，為了進一步訓練記憶，後續的三十天，他每天花二十分鐘背誦米爾頓（John Miltion）的《失樂園》（*Paradise Lost*）第一冊。如果「記得愈多，記憶力愈強」的理論是真的，

詹姆斯認為他回頭再去背《撒特》接下來的一百五十八行時，背誦的時間應該會縮短。但是，當他回頭背下一段時，卻發現背誦時間比上次還長，可見這個假設是錯的。

詹姆斯想探討一般人習以為常的情感理論是不是也存在著另一種可能，於是他開始研究人們如何判斷別人的情感。

請看下圖，並試著揣測圖中兩人的感受。

接著也揣測下圖三人的感受。

　　多數人認為這個練習很簡單，幾乎每個人都覺得第一張圖裡的兩人可能很開心，也許互有好感。第二張圖則讓人產生截然不同的反應，多數人覺得那三人可能在擔心什麼，其中至少有一人看起來需要好好放鬆一下。

　　這個簡單的練習是根據一項實驗設計的。一八〇〇年代中期，傳奇博物學家達爾文（Charles Robert Darwin）率先做過這個實驗。達爾文一生出版了二十二本著作，包括劃時代的《物種起源》（*On the Origin of Species by Means of Natural Selection, or the Preservation of Races in the Struggle for Life*）以及沒那麼出名的《腐植土的產生與蚯蚓的作用》（*The Formation of Vegetable*

Mould Through the Action of Worms）。一八七二年，達爾文發表一份有關情感的重要論文，標題是《人類與動物的情感表達》（*The Expression of the Emotions in Man and Animals*），內容描述全球第一個有關情感的心理學研究。

法國醫生杜鄉（Guillaume-Benjamin-Amand Duchenne）之前曾對自願受試者的臉部進行電擊，以研究臉部結構。達爾文看到杜鄉的研究時，驚訝地發現杜鄉竟然可以把情感和受試者的表情輕易地聯想在一起，令他好奇心大作。他拿一些相片給朋友看，請朋友臆測相片中的人看起來是什麼感受。他的朋友也是輕易把表情和某些情感聯想在一起，由此可見我們的大腦先天就會根據臉部表情來判斷別人的感受。

讀了達爾文的實驗後，詹姆斯用這項實驗作為自己研究情感理論的基礎。這項實驗顯示，人類非常擅長從面部表情判斷別人的情緒，而詹姆斯想知道，同樣的機制是否也可以用來解釋人類對自己情緒的感受。他推測，就像你看到別人的表情會臆測他的感受一樣，當你看到自己的表情時，也會判斷自己應該有何感受。

詹姆斯的原始假設是，任何情感完全是人們觀察自己行為的結果。從這個角度來看，我們微笑從來不是因為開心，但是我們開心一定是因為微笑。（或者我們也可以用詹姆斯比較有詩意的說法，來解釋這個顛覆性的假設：「你逃離大熊不是因為害怕，而是因為跑開才感到害怕。」）。詹姆斯對「人體面對刺激時的本能反應」（例如，把手從火焰中抽回、聽到笑話時露出微笑、看到發怒的大熊時拔腿就跑）及「大腦觀察動作後，瞬間產生情

感」做了明確的區分。你看到熊，身體反應是拔腿就跑，大腦因此判斷「我感到害怕」。現代版的詹姆斯理論是把情感和行為之間的關係視為雙向的，兩者相互影響，例如，我們微笑是因為快樂，而在微笑時，我們又變得更快樂了。

詹姆斯從來沒正式檢測他的理論，因為他覺得實驗很無聊，對學術研究沒什麼助益。（「一想到心理學要用黃銅器材實驗和代數運算，我就怕了。」）不過，他向來非常務實，馬上探索這個理論的實務應用。

既然行為可以引發情感，那表示你只要舉止展現某種情感，就能創造那個感受。或者正如詹姆斯的名言所述：「想要某項特質，就要表現出你好像已經具備了。」我把這個簡單但強而有力的命題稱為「裝假成真」原理（As If principle）（參見下圖）。

行為和情感

一般認為的因果關係如下：

你感到快樂→你微笑

你感到害怕→你逃開

裝假成真理論認為反之亦然：

你微笑→你感到快樂

你逃開→你感到害怕

在詹姆斯的諸多理論中，他顯然對這方面最感興趣。在某次公開演講中，他說這個論點的潛在威力有如「潛伏電光」，並熱切地說：「……讓自己愉快的方法……就是愉快地坐直身子，愉快地環顧四周，言行舉止好像你已經很愉快似的……你跟壞情緒對抗，只會把注意力集中在上頭，使壞情緒牢牢地纏繞在腦海中……」

詹姆斯的理論飽受一些同行的批評。馮特直斥那想法無稽，說那是「心理學的假象解釋」（Psychologischen Scheinerklarungen），並提出他對情感的論點。他說情感是一種「感覺」（Gefühl），是「心理層面無法分析的簡單過程，與思考層面的知覺相通。」詹姆斯為自己的主張辯解，但是那理論對想法比較傳統的同事來說還是太過前衛，因此，很快就被束之高閣，貼上「超越時代」的標籤。

這麼一擱，就擱了六十幾年。

檢測「裝假成真」原理

幾年前，科學家決定對詹姆斯的假說展開終極的測試，他們對受測者進行腦部掃描，請受測者做出害怕的表情。研究者從機器窺探受測者的大腦，他們看到杏仁核非常活躍，因此推論受測者的確有恐懼的感覺。所以，研究人員得到了終極的證據，證明假裝感受可以直接影響大腦。

一九六〇年代末期，年輕的詹姆斯・萊爾德（James Laird）在羅切斯特大學攻讀臨床心理學博士。在某次實習課程中，指導教授要求他訪問患者，同時教授透過單面鏡在一旁觀察。訪談過程中，患者的臉上突然出現一抹不尋常的微笑，那微笑引起萊爾德的好奇，他想知道患者露出那不尋常的表情時是什麼感受。

他開車回家的途中，腦中一再浮現那次訪問的情況，對那抹微笑益發好奇。最後他逼自己做出同樣的表情，以了解那是什麼感受。他驚訝地發現那微笑讓他瞬間快樂了起來。好奇之下，他接著嘗試皺眉，心情馬上難過了起來。那次開車回家的奇怪體驗，從此改變了萊爾德的職業生涯。當晚他回到家後，馬上走到書架前，查詢情感心理學的相關資訊。巧的是，他拿起的第一本書就是詹姆斯的《心理學原理》。

萊爾德閱讀詹姆斯失傳已久的理論，覺得那也許可以解釋為什麼他在車內微笑後馬上變得更快樂了。他也意外發現那理論已歸入史書，從來沒做過應有的測試。為了測試，萊爾德邀一些志

願受測者到他的實驗室，讓他們微笑或皺眉，然後告知感受。根據詹姆斯的理論，微笑的人應該會比皺眉的人快樂許多。

不過，萊爾德擔心受測者可能會迎合他，說出他想聽的結果，所以他必須想辦法在隱瞞實驗的真實目的下，讓他們微笑或皺眉。後來，他巧立了一個名目。

他告訴受測者，他們參與的實驗是研究臉部肌肉的電流活動，並在受測者的眉宇間、嘴角和下巴邊緣裝上電極。接著，他向受測者解釋，情緒的變化會影響實驗結果，為了避免情緒造成誤差，要求他們在實驗的過程中要告知情緒變化。

電極器當然是假的，但是那個巧立的名目讓萊爾德可以偷偷地把受測者的表情轉為笑臉或苦臉。為了塑造憤怒的表情，他叫受測者把眉宇間的電極器往下拉，用咬牙切齒的方式收縮下巴上的電極器。為了塑造快樂的表情，他叫受測者把嘴角的電極器往上揚。受測者依照要求改變表情後，接著他給受測者一張表格，上面列了一些情感的項目（例如，激動、不安、快樂、懊悔等等），請受測者評估各種情感的感受度。結果相當驚人，跟詹姆斯在十九世紀末的預測一樣。受測者在做出微笑的表情後，覺得更快樂；在皺眉後，覺得更生氣了。

研究過後，萊爾德訪問受測者，問他們是否知道自己為什麼在實驗中會有那些不同的感受。只有少數幾人把新感受歸因於臉部表情的操控，其他人都無法解釋感受的轉變。其中一位把表情轉為皺眉的受測者表示：「我其實毫無怒氣，卻不自覺地想到令我發怒的事情。這實在有點荒謬，我知道我正在接受測試，沒理由生氣，但我就是控制不了。」

立刻就快樂起來的方法

十九世紀初，俄國戲劇導演康斯坦丁・史坦尼斯拉夫斯基（Constantin Stanislavski）發明了方法演技（method acting），顛覆了戲劇界。這種表演方法的關鍵在於鼓勵演員以控制行為的方式，在舞台上體驗真實情感。這種方法常稱為「魔力假使」（the magic if）（「假使我真的有這種感受，我會怎麼表現？」），一些知名演員也採用這種方式。例如，馬龍白蘭度、華倫比提、勞勃狄尼洛。

同樣的方法也用於探討「裝假成真」原理的實驗室研究中。假設你現在參與驗證「裝假成真」原理的研究，首先，用1到10來評估你目前快樂的程度，1代表你剛跌進水溝裡的心情，10則代表你看到最痛恨的敵人跌進水溝裡的心情。

接著，請開始微笑。不過，我要的不是短暫擠出沒什麼感覺的微笑，請依照以下的指示微笑：

1. 坐在鏡子前。
2. 放鬆額頭和臉頰的肌肉，嘴唇微開。在科學界，你現在的表情稱為「中立」，像一張空白的畫布。
3. 將嘴角肌肉往後拉向耳朵，盡量把笑容拉大，笑到眼睛周圍產生紋路。最後，把眉部肌肉輕輕揚起，維持這個表情約二十秒。
4. 收起表情，想想你現在的感受。

你現在感覺比一開始快樂嗎？你給現在的感受打幾分（1到10）？

　　多數人表示這個練習讓他們感覺更快樂了。就像詹姆斯一百年前預測的那樣，只要改變臉部表情幾秒鐘，就可以大大影響你的感受。

　　為了讓你更開心，你可以把這種微笑融入日常生活中。畫兩張你笑逐顏開的自畫像，以提醒自己經常微笑。一張自畫像畫在A4大小的紙上，另一張畫在5公分見方大小的紙上。盡量把自己畫得幽默、快樂一些。把大圖貼在家中顯眼的地方，把小圖放在錢包或皮夾裡，以提醒自己記得微笑。

其他的科學家為了確定這種驚人效果是真實的，開始模仿萊爾德的創新實驗。他們不是在受測者的臉上裝假電極器，而是各自巧立不同的名目。

攝影師為了讓人微笑會讓被拍照的人喊「cheese」，因此，密西根大學的研究人員聯想到他們可以叫受測者重複發出「ee」的聲音（類似「一」的聲音），讓他們變成笑臉；或是重複發出「eu」的聲音（類似「憂」的聲音），讓他們的表情接近厭惡。

華盛頓大學的心理學家則把兩個高爾夫球的球座分別放在受測者的兩眉前端，接著請他們做出兩種表情。一組是以擠眉方式讓兩個高爾夫球球座相碰，如此一來兩眉一起下垂，形成不悅的表情。另一組則是維持兩個球座分開，形成中立的表情。

這些類似的研究中，或許最有名的是德國研究者的實驗。德國研究人員告訴受測者，他們正在研究一種新的教學法，教導脖子以下癱瘓的人如何寫字。他們叫半數受測者用牙齒平咬著鉛筆（迫使臉部變成笑臉），叫另一半的受測者用嘴唇銜住鉛筆（表情變成苦臉）。

不斷發出「ee」聲、保持球座分離，或是用牙齒咬住鉛筆的受測者在瞬間都變得更快樂了。研究人員一再證實，萊爾德的研究結果很真實，詹姆斯的理論是正確的。行為的確會影響感受，所以我們的確可以像「裝假成真」原理預測的那樣，隨心所欲地製造情感。

研究人員受到這些結果的激勵，開始探索這個理論對身體及頭腦的影響。

生理影響心理，還是心理影響生理？

加州大學的保羅・艾克曼（Paul Ekman）終其一生致力於研究臉部表情與情感的關係。在多年出色的職業生涯中，他發表了一篇臉部表情的權威指南（五百頁的論文，說明臉部四十三條肌肉如何組合出數千種表情），為世界各地的執法機關說明以表情判斷是否在說謊的最佳方法，也擔任美國熱門電視節目《別對我說謊》（*Lie To Me*）的顧問。

艾克曼在職業生涯之初，對於改變表情能讓人心情放鬆或發怒這件事相當好奇。他想探索「裝假成真」原理對身體的影響，他的實驗結果充分應驗了詹姆斯理論的威力。

艾克曼邀請自願的受測者到他的實驗室，以機器連線到他們的身上，持續追蹤他們的心跳頻率和體溫。接著，他請受測者進行兩項任務：第一項任務是要讓他們感到真正的怒氣，需要他們回想生活中曾讓他們生氣的事，盡量在腦中生動地重演當時的畫面；第二項任務則是只做出生氣的表情（眉頭緊鎖、揚起上眼瞼、噘高下唇、雙唇緊閉）。他叫受測者挑選不同的事件和表情，以展現幾種不同的情緒，例如，恐懼、難過、快樂、驚訝、嫌惡。

結果不令人意外，真實的情感記憶會引發受測者某些生理上的反應。例如，害怕時心跳加速、體溫下降；快樂時心跳減緩、體溫升高。驚人的是，當受測者只是做臉部表情時，也會產生一樣的生理變化。他們做出恐懼的表情時，心跳加速、體溫下降；他們擺出笑臉時，心跳減緩、體溫升高。

艾克曼想知道這種機制是不是人類「先天」的心理，他偕同

團隊遠渡重洋，抵達印尼西部的偏遠島嶼，對當地的居民重複同樣的實驗。實驗結果和他們在西方國家發現的一樣，可見「裝假成真」原理並非西方文化的產物，而是根源於人類演化的結果。

艾克曼的實驗結果顯示，表現出你有某種感受不僅會改變情緒，對身體也有強大的直接影響。

最近，研究人員更進一步利用最新科技，探索「裝假成真」原理對大腦的影響。

如果你切開頭顱，檢查最接近脊髓上方的大腦區域，會發現脊髓兩邊有兩個杏仁狀的組織，稱做「杏仁核」，它們是大腦的一小部分，但聯繫密切，對日常生活的各個面向幾乎都有重要的影響。杏仁核是情感體驗的關鍵，尤其是恐懼。

科學家最近研究一位名叫「SM」的特殊病患，研究結果證實了杏仁核在恐懼中扮演的要角。SM罹患皮膚粘膜類脂沉積症（Urbach-Wiethe disease），這是一種罕見的基因缺陷，導致杏仁核退化。科學家訪問SM時發現，她在提到生活中一些理當感到恐懼的事情時，卻一點也不害怕。其中最戲劇性的事件，是某次她在公園中不幸遭到襲擊，襲擊者用刀抵著她的喉嚨，揚言要刺傷她。她說當時她一點也不感到害怕，反而注意到附近有座教堂，並鎮靜地對歹徒說：「如果你要殺我，得先獲得我的守護天使同意。」歹徒不懂她在講什麼，突然就把她放了。

科學家一聽很好奇，打算好好嚇她一番。他們帶她到一間專賣珍禽寵物的店，叫她拿著蛇和蜘蛛。SM若無其事地照做，本來她還要去摸更危險的動物，幸好科學家及時阻止了。接著，他們又帶她去一間鬧鬼的屋子，讓她看很多的恐怖電影片段，她一

樣毫無反應。由此可見，正常運作的杏仁核是能否感受恐懼的關鍵。

幾年前，科學家決定對詹姆斯的假說展開終極的測試，他們對受測者進行腦部掃描，請受測者做出害怕的表情。跟數十年來的心理實驗不同的是，受測者不需要告訴研究者他的感覺，研究者可以直接從機器窺探受測者的大腦，他們看到杏仁核非常活躍，因此推論受測者的確有恐懼的感覺。所以，研究人員得到了終極的證據，證明假裝感受可以直接影響大腦。

世界各地的實驗室都用過「裝假成真」原理製造快樂，這原理可以立刻影響人類的身體和大腦，但是它在現實生活中也有效嗎？它可以用來鼓舞整個國家嗎？接下來我們就來看看。

有科學根據的全國快樂工程

我在職業生涯中做過多次大型的實驗，受測者多達上萬人，研究主題五花八門，包括，說謊的心理、被告的外表對陪審團的影響、一般人有沒有辦法辨別廉價酒和高價酒（答案是分不出來）等。

幾年前，我從英國各地號召數千人參與大規模的快樂研究。心理學家已經發明了許多增進快樂感的方法，我想知道哪種方法最有效。此外，其他的研究也顯示，快樂感在人群中可以像傳染病一樣散播，人們會「感染」彼此的情緒。我想知道幾千位比較快樂的人，能不能像催化劑一樣，讓全國都跟著快樂起來。

實驗開始前，我先委託一家機構做全國性的調查，衡量全英國的心情狀況。他們請每位受訪者以1到7級來評估自己快樂的

程度，1代表「一點也不快樂」，7代表「非常快樂」，結果有45%的受訪者自我評分是5～7分。

接著，我們在全國的媒體上宣布這項實驗，請有興趣參加實驗的人上專案的網站，填寫自我評估的快樂程度。總共有兩萬六千多人共襄盛舉，我們把受測者隨機分到不同的小組，請他們做不同的活動，那些活動的目的都是要讓他們變得更快樂。有些小組是採用一些最熱門的「想像快樂法」，例如，心懷感恩、回想快樂時光等等；另一些小組則是依循詹姆斯的建議，每天微笑幾秒鐘。

一周後，受測者再度回到網站，重新評估自己的快樂程度。結果顯示，改變臉部表情是最有效提升快樂程度的方法。由此可見「裝假成真」原理也可以在實驗室外創造情感，而且那感受長久又強烈。

那次實驗過後，我們又做了一次全國性的快樂調查，也是請受測者以1到7級評估自己的快樂程度，這次有52%的受訪者給自己5～7分。假設全國有六千萬人口，這7%的增加表示有四百多萬人在實驗過後更快樂了。這增幅是我們的計畫造成的嗎？我們不可能知道確切答案，但是我們也找不到其他因素有明顯的改變，可能影響全國的心情，例如，日照量突然增加、雨量減少，或特別振奮人心的新聞，所以我們覺得是詹姆斯的理論讓全國變得更快樂了。

讓你更快樂的肢體動作

「裝假成真」原理告訴你：想讓自己快樂起來，不要光用想的，直接做出你很快樂的行為，效果更快，也更明顯。像是微笑、腳步輕盈、抬頭挺胸、談開心的事、跳舞、大笑、唱歌，或是任何你愛做的事。即便是單純的鼓掌一樣有效。

　　詹姆斯不僅推測微笑會讓人更快樂，他也認為人類行為的各方面，包括走路和說話的方式，都會影響自己的感受。為了驗證這項推測的真實性，心理學家開始身體力行。

　　研究人員證明，主要的臉部表情只有幾種；他們也以相同的方式證明，基本的走路方式也只有六種。例如，大步走是指邁出大步伐，步伐輕快，手臂前後擺動。相反的，拖曳步行的步伐小，肩膀下垂。研究顯示，走路的方式與情緒感受密切相關，大家覺得「大步走」是快樂的，「拖步走」是難過的。

　　佛羅里達大西洋大學的心理學家莎拉・史諾葛拉斯（Sara Snodgrass）想知道改變走路的方式能否影響情緒。她佯稱是做身體活動影響心跳速度的研究，請受測者以兩種方式各走三分鐘。一半的受測者是大步走，甩動手臂，同時抬頭挺胸；另一半的受測者則拖著步伐小步走，並低頭看腳，這實驗有如搞笑團體蒙提・派森（Monty Python）的短片《低能走路部》（*Ministry of Funny Walks*）。等受測者走完後，研究人員請他們評估自己的快樂程度，結果驗證了「裝假成真」原理：大步走的人比拖步走

的人快樂許多。

「裝假成真」原理也可以讓人在見面不久後就拉近彼此的距離。海德堡大學的薩賓娜·科赫（Sabine Koch）對於肢體移動對大腦會產生何種影響相當好奇，她的舞蹈心理學研究顯示，人們以流暢的動作移動時比較快樂，以突兀僵直的動作移動時比較不快樂。科赫知道要說服大家平時多舞動很難，所以她把注意力轉向另一個比較實際的行為：握手。

科赫訓練一群人以兩種方式握手。有些人是學習以順暢的方式握手，另一些人是學習生硬地上下握手。接著，她請這群握手部隊和五十位受測者握手。每次握手後，科赫就詢問受測者的感受。結果很驚人，被順暢地握手的人覺得比較快樂，心理上也比較親近對方，覺得對方比較討喜與開放。所以順暢的握手動作讓受測者聯想到快樂，讓他們感覺更好，也對剛剛見面的對象更有好感。

這樣握手才快樂

　　科赫的研究可以幫人塑造良好的第一印象，她訓練研究人員做三種「順暢式」的握手和三種「生硬式」的握手，結果發現不同的握手方式會對人產生不同的影響。想要複製科赫的順暢握手方式，你可以握住某人的手，然後緩慢流暢地上下移動自己的手。而「生硬式」的握手，則是突然把手往下移，停頓一下又迅速把手拉起。練習握手動作時，一開始可能會感覺不太自在，有點奇怪，但是練習久了就會愈來愈自然。把焦點放在盡可能讓手部「順暢」移動上，一旦你對科赫的握手法有自信了，你可以在日常生活中運用，讓人留下良好印象。

其他研究也檢測了用字遣詞和說話方式是否會影響你的感受。

一九六〇年代末期，美國的臨床心理學家艾麥・費爾騰（Emmett Velten）想在實驗室裡發明能迅速創造快樂的簡單方法。費爾騰想知道，如果以快樂又有自信的方式說話，會有什麼結果？為此，他找來一群自願的受測者，把他們隨機分成兩組，發給每組一疊卡片。

每一組的第一張卡片寫著使用說明，接著的每張卡片上寫著不同的敘述，請受測者們一一大聲地唸出來。例如，卡片上寫著：「今天跟平常比起來不好也不壞。」受測者依照指示大聲唸出，然後翻到下一張卡片唸第二句：「不過，我今天的感覺挺好的。」受測者逐一唸完六十張卡片，卡片裡的內容愈來愈正面。

第二組也是唸出連串的敘述，但內容則是多種不同的事實，包括：「土星有時候和太陽及地球連成一線，所以有時候看不到。」，「東方快車行駛於巴黎和伊斯坦堡之間」，「希望之鑽是以普通郵寄的方式從南非送往倫敦。」

唸完卡片後，費爾騰讓受測者評估自己的快樂程度。第一組在唸完跟自己有關的正面敘述後，心情大好。相反的，第二組在唸完土星、東方快車、希望之鑽等事實後沒什麼感覺。

其他的心理學家受到費爾騰實驗結果的鼓舞，迅速跟進採用他的方法，讓世界各地的受測者更快樂。

不只讀單句有效果。另一項研究中，夏威夷大學的伊蓮・哈特斐德（Elaine Hatfield）和同事找來一群受測者唸一段文字，內容是描述朋友幫他辦驚喜生日派對的虛構場景。他們找來另一

群人唸另一段文字，內容是描述他們剛得知家人診斷出罹患疾病的消息。

朗讀這兩段文字影響了受測者的情緒，讀到驚喜派對的人心情比較好。所以，請受測者像心情好或心情不好那樣說一段話，也可以影響他們的情緒。

「裝假成真」原理不光是證實擠出笑臉能夠讓你快樂，它幾乎可以應用到日常行為的各個面向，包括走路的方式、說話的內容。學者們受到以上研究的鼓舞，於是紛紛開始尋找運用這個原理讓人馬上快樂起來的其他方法。

快樂說話術

　　你可以用跟自我對話的方式讓自己變得更快樂嗎？試試下面兩項練習。

　　首先，大聲朗讀以下的句子。請盡量真實，彷彿和朋友說話一樣，別急著講完，慢慢來，每句講完後稍做停頓，再繼續講下面的句子。很多人一開始會覺得很奇怪，但很快就適應了。

1. 我今天感覺特別好。
2. 我覺得我應該可以把事情做好。
3. 我很高興別人都對我很友善。
4. 我知道只要有心做好，通常會成功。
5. 現在我充滿了熱情。
6. 我現在覺得活力充沛，很喜歡我做的事情。
7. 我覺得今天特別有效率。
8. 我現在很樂觀，應該可以和多數人相處愉快。
9. 今天我對自己及周遭的感覺都很好。
10. 我現在興致高昂，特別有創意，也特別機靈。
11. 我相信多數朋友未來都會繼續挺我。
12. 我覺得生活大致上都在我的掌控中。
13. 我心情很好，想聽人播放美妙的音樂。
14. 我很喜歡做這件事，也覺得自己做得不錯。
15. 我已經迫不及待要開始了！

現在你感覺如何？大多數人說完這十五句話後，心情都會為之一振。

現在試著大聲朗讀以下的段落。同樣保持自然，投入感情，你可以想像自己正在和朋友講電話，你也可以幻想各種不同的正面情境：

今天真是太棒了，這是我的生日，你肯定猜不到發生了什麼事。傍晚，朋友邀請我到他家，我一進門，發現他幫我安排了驚喜派對！真是棒極了！我認識的人幾乎都到了，有些人是專程趕來參加這個宴會，並幫我做了生日蛋糕，送我禮物，還為我唱生日快樂歌。我永遠也忘不了今天，很幸運能有這群朋友。

讓人大笑的方法

一九九五年，馬丹·卡塔利亞醫師（Madan Kataria）在印度的孟買當家庭醫生。他研究雜誌上一篇關於大笑的文章時，得知大笑有益健康，於是他決定試著把歡笑導入生活中。

卡塔利亞想出一個奇怪的計畫。某天早上七點，他到附近的公園，說服四個人對彼此講笑話，讓對方發笑。大家都很開心，所以他決定下周重複同樣的練習。那個團體開始成長，後來有五十多人加入，卡塔利亞就這樣創立了全球第一個大笑社團。

最初的聚會中，大家圍成一圈，輪流講笑話。一開始很順利，但是幾周後，笑話的題材也講得差不多了，大家開始講黃色笑話。結果有兩位女性因笑話有性別歧視的意味，揚言離開，笑聲因此中斷，卡塔利亞只好探索其他讓人展現笑容的方法。

最後他突發奇想，找到一個改變世界的方法：他很想知道，大家在沒聽笑話下哈哈大笑，是不是也可以獲得同樣的效果。大笑社團一開始對這個想法感到懷疑，但後來大家都同意先把丈母娘的笑話擱著，留到以後再講，先試試卡塔利亞的新方法。他們假裝聽到好笑的笑話並大笑片刻後，很多人都意外發現心情開朗了起來。大家迅速感染了愉悅的氣氛，不久幾乎每個人都笑了。卡塔利亞這個意外有效的新方法迅速流行起來，世界各地也開始出現大笑社團。

紐澤西州費爾利迪金森大學的心理學家查爾斯·謝弗（Charles Schaefer）對此相當好奇，決定研究裝出剛聽到好笑的笑話是否真的可以讓人更快樂。謝弗自己成立了一個大笑社團，比較大笑和微笑的效果。

他把受測者分成三組，請一組微笑一分鐘，另一組大笑一分鐘。他考慮到第二組回報的效果可能是來自捧腹大笑的身體動作，所以叫第三組做和大笑差不多用力、但不是開心的活動。他絞盡腦汁想了很久，最後決定叫第三組像狼一樣嗥叫。

雖然這是個聰明的對照方式，但是「像狼一樣嗥叫」並非毫無問題。一開始第三組的成員有點困惑，不知道該如何像狼人一樣。為了解決這個問題，謝弗只好站到大家面前，示範如何像狼一樣對著月亮嗥叫。他後來表示，學生看到資深教授像狼嗥叫以後，大家都不再扭捏，可以輕鬆地嗥叫了。

大家微笑、大笑、嗥叫之後，謝弗請每個人評估自己的心情。學生展現快樂的樣子愈多，之後的心情愈愉悅。微笑的學生後來變快樂了，但大笑的學生更是興高采烈，像狼一樣嗥叫則對心情沒什麼影響，可見大笑的效果不是來自於身體施力，這又一次證明了詹姆斯的理論。可惜，謝弗沒趁機研究一下第三組學生是否突然對狗糧感到好奇，或是對狼人害怕的純銀子彈也同樣感到害怕。

謝弗的研究說明了為什麼大笑社團如此流行。就像微笑能讓你感到快樂一樣，表現出你覺得某事很好笑，也能產生和真心大笑一樣的效果。

你快樂，於是我快樂

　　大笑社團各有不同，不過以下是一些基本的程序和練習方法：

　　首先，請大家圍成一圈，彼此相隔幾呎，其中一人擔任「團長」，站在圓圈中央。

　　整個活動持續約二十分鐘，包含多次練習，每次練習持續約四十秒，以下是一些常見的練習：

1. **大聲「呴呴哈哈」**：每個人開始大聲說「呴呴哈哈」，每發出一個音都拍一下手，那聲音發自丹田，而不是嗓子，而且練習時臉上要隨時保持微笑。這招通常做為熱身之用，或穿插在其他的練習之間進行。

2. **「來回」練習**：大家圍成一圈手牽手，團長說「開始」後，大家開始小聲地笑。接著團長示意每個人走向中央，並在移動時逐漸放大笑聲。當他們接近中央時，團長又示意他們退回，於是大家退回原位，笑聲也逐漸變小。

3. **「馴獅」練習**：每個人都盡量張開嘴巴，睜大眼睛，吐出舌頭，舉起手臂模仿成獅掌的樣子。在團長的指令下，大家像獅子一樣吼叫二十秒。

4. **「蜂鳥」練習**：兩人一組，閉上嘴，發出嗡嗡的笑聲。練習時，兩眼一直看著對方。

5. **「嘲笑」練習**：團長把大家分成兩群，兩群人看著彼此，開始大笑，通常是指著對方那組的成員大笑。如果組員中有人缺乏自信，比較多疑，或沒自信又多疑，不太建議做這個練習。

心理學家對笑聲做了一些正經的科學實驗後，把注意力轉到其他同樣令人愉快的體驗，例如跳舞。

　　快樂的人喜歡跳舞，但是跳舞能讓人快樂嗎？為了找出答案，韓國慶北國立大學的金成雲（Sungwoon Kim）找來約三百名學生。他把學生分成四組，第一組是做一小時的有氧運動、第二組是做伸展塑身活動、第三組跳有趣的嘻哈舞蹈、第四組是滑冰。完成活動後，每個人都填問卷，評估自己的心情。大家都知道運動會讓人快樂，因為運動會釋放讓人感覺良好的荷爾蒙：腦內啡，所以研究人員預期所有的受測者在活動結束後都會比較快樂。但是，跳舞會不會因為它本來就是快樂者的活動，而讓受測者感到特別快樂？結果顯示，在所有的受測者中，跳嘻哈舞的人快樂的程度居冠。

　　不只嘻哈舞可以讓你感覺快樂。我在赫福郡大學的同事彼得‧羅維特博士（Peter Lovatt）也做了舞蹈研究。被英國媒體封為「舞蹈博士」的羅維特研究了許多有關舞蹈的議題，例如，身體對稱的人是不是較好的舞者（的確是），為什麼「老爸跳舞」令我們尷尬不已（因為他們常高估自己的舞技）。幾年前羅維特做了為期十周的實驗，研究舞蹈對情緒的影響。他每周把一群自願受測者找來學校，教他們新的舞蹈，然後請他們評估自己的心情。從狐步舞到佛朗明哥舞，從騷莎舞到搖擺舞，每個人都覺得學舞的過程非常開心。這又再次證明，表現出快樂的樣子可讓人更愉悅。沒有競爭意味、舞步重複且簡單好學的舞蹈特別有效，例如，蘇格蘭鄉村舞和排舞。

每天做一件快樂的事

首先，花點時間列出九項讓你感到愉悅的活動清單，以下是幫你思考這份清單的問題：

- 你喜歡和人相處嗎？如果喜歡，哪些朋友和同事相處起來最愉悅？你喜歡哪種社交活動？例如，你比較喜歡和好友喝咖啡，探望家人，或是和一群同事去跳舞？
- 你有哪些嗜好或喜歡的運動？你喜歡到鄉野間漫步、繪畫、攝影、游泳、跳傘或逛博物館嗎？空閒的夜晚，你想看電影、在家看書、看馬戲團表演，還是去劇院？
- 小時候你喜歡做什麼？你喜歡跳繩、跳舞、烘焙、引人注意、看漫畫、在樹葉堆裡玩耍，或是畫畫？
- 你喜歡助人嗎？你喜歡去公益團體或醫院幫忙嗎？當你施捨一點錢給路上的遊民，或是行善幫助陌生人或朋友時，感覺如何？
- 你喜歡凡事都看比較光明有趣的一面嗎？你喜歡搞笑或到處瞎混嗎？哪個人或什麼情況似乎會促使你這麼做？

接著，把下一頁撕下來，在每個空格中填入一項你剛剛挑選的活動。然後，沿著虛線把那張紙撕成九份，把每一份揉成紙團。再把紙團都放進盒子或袋子裡。每周一開始，隨機挑一個紙團，接著在未來七天內做那個活動。

如果你不會跳舞，別擔心，唱首歡樂的歌曲也可以。

十七世紀的西班牙小說家兼詩人塞萬提斯（Miguel de Cervantes）也這麼想，他曾說：「歡唱能嚇跑疾病。」但，這是真的嗎？

坎特伯里基督大學的音樂學家葛蘭威爾‧漢考克斯（Grenville Hancox）是全球知名的單簧管演奏家、指揮家和研究者。他對於音樂對人的影響很好奇，做了好幾個大規模的研究，探索歌唱是否讓人快樂。他曾經訪問過五百多位合唱團的團員，結果顯示，唱歌的確會讓人更快樂。

法蘭克福歌德大學的岡特‧克路茲（Gunter Kreutz）也曾在更嚴謹的情況下探索過同樣的議題。克路茲去看合唱團的練習，請合唱團唱莫札特《安魂曲》的幾小段，然後請他們評估自己快樂的程度。為了有實驗對照組，一周後，克路茲再次出現在合唱團的練習現場，請他們聆聽上次唱的那段音樂，之後再評估他們的快樂程度。雖然聆聽音樂沒讓人覺得更快樂，但是唱歌讓他們感覺愉悅許多。

「裝假成真」原理及製造歡樂的研究清楚顯示：想讓自己快樂起來，不要光用想的，直接做出你很快樂的行為，效果更快，也更明顯。微笑、腳步輕盈、抬頭挺胸、談開心的事、跳舞、大笑、唱歌，或是做你愛做的任何事情。

或者，換個方式說，如果你有心想要變快樂，鼓掌就行了。

CHAPTER 2

行為改變愛情

- 揭開人心的奧祕；
- 發現暗中調情的威力；
- 發明新的速配約會；
- 學習如何從此過著幸福快樂的生活

「無論學什麼，我們都是從做中學。例如，從建造房子中變成建築師、從彈豎琴中變成豎琴家。同理，我們因行俠仗義而變成正義之士、因控制自己而變成克己之人、因勇敢行動而變得大膽無畏。」

——亞里斯多德（Aristotle）

什麼是愛情

愛情總是讓人憧憬，但愛情的本質是什麼？這是古今中外眾人談論不完的課題。研究發現：人們彼此接觸的時間愈長，愈容易培養友誼或愛情。

　　一九八一年，英國的查爾斯王子宣布和戴安娜訂婚，他們接受電視專訪，談及即將舉行的皇室婚禮。在那段出名的電視訪談中，記者安東尼・卡修（Anthony Carthew）詢問這對新人的感受。查爾斯猶豫地說，他很開心快樂，卡修只好追問：「……我想……是沉浸在愛河中吧？」戴安娜很快表示認同，但查爾斯的回應則審慎許多，他含糊地說：「……就看『沉浸愛河』是什麼意思吧。」

　　查爾斯不是第一位對愛情本質感到困惑的人。古往今來，許多詩人、音樂家、作家都試著定義這種最難捉摸的情感。古希臘哲學家亞里斯多德認為，我們最好是把愛視為「……同一個靈魂棲息在兩個不同的身體裡」。英國詩人伊麗莎白・貝瑞・勃朗寧（Elizabeth Barrett Browning）試圖以下面的文字掌握愛的真諦：「我做的一切及夢想都有你相隨，猶如紅酒必然帶有葡萄的原味……」相反的，美國演員約翰・巴里摩（John Barrymore）對愛的觀點則比較務實，他說：「愛就是認識一位美女和發現她其貌不揚之間的美好時光。」

　　愛雖然難以定義，但那種情感無疑令我們心蕩神馳。考古學

家最近在伊拉克的尼弗流域（Niffer Valley）發現目前為止最古老的情詩。那是刻在有四千年歷史的泥板上，看起來是女祭司寫給新婚夫婿的詩句，內容描述她對即將到來的新婚之夜所懷抱的興奮之情。

愛也沒有文化的界限。從亞馬遜流域到亞利桑納州，從撒哈拉沙漠到西伯利亞，文化迥異的民族都同樣感受到愛情的歡愉和痛苦，少數幾個試圖禁愛的社群最後都失敗了。例如，十九世紀，震教徒和摩門教都認為愛是色慾的偽裝，所以禁止教徒談情說愛。但是在那兩個團體裡，愛情依舊持續不滅，常以避人耳目的私通方式存在。

既然愛情無所不在，你可能以為心理學家老早就對這種情感充滿興趣了。不過，令人意外的是，對人心奧祕的探索是最近才開始的，而且是由一些奇怪的事件促成的。

從討厭到喜歡

一九六七年，查爾斯·戈特辛格教授（Charles Goetzinger）在俄勒岡州立大學開設課程，探討說服的科學（「課程113：基本說服課」）。學生第一次來上課時，看到一個詭異的狀況：有個人全身罩在黑布袋裡，坐在教室的座位上，只露出一雙腿。

戈特辛格向學生解釋，一位男學生決定套在黑袋子裡上課，希望身分能完全保密。由於那位學生匿名，其他學生決定叫他「黑袋」（他們大概沒修過「課程112：基本創意學」吧）。

那門課每周上三次，每次「黑袋」同學都靜靜坐在位子上。學生需要逐一上臺做三分鐘的說服簡報，輪到「黑袋」同學時，

他不發一語地站在教室前面。起初學生們對「黑袋」有些敵意，有人拿雨傘戳他，有人在他背後貼「踢我」字條，還有人想要揍他。

黑袋同學的事很快就引起當地媒體的關注，後來連全國性的媒體也來了。全美各地的記者都來看戈特辛格的課，CBS電台的傳奇記者沃特・克朗凱（Walter Cronkite）試圖採訪袋中的神祕人士，《生活》（Life）雜誌也以好幾頁的篇幅報導這件事。

後來，意想不到的事情發生了。幾周後，學生開始跟「黑袋」同學培養出感情。他們依舊不知道他是誰，也不知道他長什麼樣子，但他們不再揍他或戳他，而是開始對他展現關懷和友好善意。當學生對黑袋的態度由疏離轉為接納時，他們愈來愈喜歡這個匿名的同學，帶他參與他們的活動，也幫他保密身分。當戈特辛格讓全班投票表決「黑袋」該不該揭露身分時，多數學生都投反對票。

這門說服課的最後，幾家媒體的攝影記者排在學校的建築物外，等候「黑袋」同學下課。班上同學主動在黑袋同學的旁邊圍成一道人牆，保護他穿越媒體的大陣仗。那樣做感動了「黑袋」同學，使他脫口說出一句簡單但令人難忘的話：「我只是在袋中的普通人。」直到今天，黑袋同學的身分依舊成謎。

媒體和大眾都轉向心理學家，想了解為什麼其他學生會逐漸對這位匿名同學產生好感。只不過，當時的心理學家根本不知道怎麼解釋那個現象。

一九六〇年代以前，多數心理學家把關於友誼、魅力、愛情的實驗視為禁忌。大學院校或許亟欲和佛洛伊德的觀點撇清關係

（佛洛伊德喜歡以不科學、過度偏向性慾的方式解釋人類心理），所以不鼓勵教員探索一般人的私人生活。觸碰禁忌會招惹麻煩，例如，某位教授做了一項調查，問大家是否曾對別人的耳朵吹氣以挑逗興致，結果遭到嚴格的懲戒。

即使到了一九六〇年代初期，研究人員對於人為什麼會喜歡或愛上別人也只有粗淺的概念。一些心理學家對於無法解開「黑袋」的奧祕感到有些尷尬，於是他們開始跨入這塊學術的蠻荒地帶，探索友誼、魅力和愛情。

一九七五年，威斯康辛大學的心理學家哈特斐德（Elaine Hatfield）獲得國家科學基金會的贊助，率先以系統化的研究探討愛與魅力。許多研究者把這項研究視為一大突破，但不是每個人都對此感到興奮。美國參議員威廉・普羅克斯邁（William Proxmire）對哈特斐德的研究展開猛烈的抨擊，頒給她「金詐獎」（說她「詐騙」納稅人），並公開聲明：

我相信兩億美國人民希望生活中有些東西能繼續保持神祕，其中大家最不想知道的，就是男人為什麼會愛上女人，或女人為什麼會愛上男人……所以，國家科學基金不該研究愛情，應該把愛情留給詩人伊麗莎白・貝瑞・勃朗寧（Elizabeth Barrett Browning）和作曲家歐文・柏林（Irving Berlin）處理。亞歷山大・波普（Alexander Pope）說得好：「倘若無知是福，多識反愚。」

哈特斐德不為所動，繼續研究。在她早期的研究中，她和佛

羅里達州立大學的愛情研究員羅素・卡拉克（Russell Clark）合作，探索一個很直截了當的問題：如果有頗具魅力的異性向男性或女性要求共度春宵，他／她會同意嗎？

哈特斐德和卡拉克請五位女性和四位男性在大學的校園裡對素昧平生的人說：「我在校園裡注意你一段時間了，覺得你很有魅力，今晚跟我共眠好嗎？」實驗者仔細記下對方的反應，接著再解釋他其實是在做社會心理學研究，所以剛剛純粹是本著科學探究的精神提出邀請（研究人員倒是沒記錄對方對此事後說明的反應）。卡拉克和哈特斐德在〈性愛邀約接受度的性別差異〉（*Gender Differences in Receptivity to Sexual Offers*）論文中，描述他們的實驗結果，他們發現男女之間有明顯的差異。受邀的女性中，沒人接受性愛邀約；相反的，有高達75%的男性答應了。

或許不意外的是，哈特斐德的研究後來引起軒然大波。有人認為那實驗充分顯示，社會上的有權者如何剝削弱勢者；有些人則是堅稱那實驗印證了「男性＝膚淺」的假說。那個實驗也對大眾文化產生了意想不到的影響。一九九八年，英國爵士樂隊 Touch and Go 找一位女性誦讀哈特斐德實驗裡的臺詞，把它變成〈你願意嗎？〉（*Would You…?*）一曲中的基礎元素。這首歌後來衝上英國單曲榜的第三名，在YouTube上已累積了兩百萬次的點閱數。

這項初步研究的成功，促使哈特斐德和同事繼續做其他的研究，探討魅力在心理層面的影響性。

後續有些研究發現：接觸的時間愈長，愈容易培養友誼或愛情。這理論常用來解釋為什麼近水樓台先得月，為什麼戈特辛格

的學生會逐漸和「黑袋」同學培養出感情。那理論似乎也促使一名男子寫七百多封信給女友，結果導致女友嫁給了郵差（開玩笑的！）。

這類愛情的研究很快就多了起來，從一九七〇年代中期開始，數百位研究人員為了解開人心的奧祕，做了數千個實驗。

愛情的真相

研究人員探索愛情的方式有很多種，例如，偷偷觀察單身酒吧裡的眉來眼去、推出科學化的速配約會活動、刊登虛構的交友廣告、測試接吻時的睪固酮濃度、觀察美滿夫妻的生活狀況。

研究人員很快就發現愛情是難解的謎，例如，一九七〇年代初期，心理學家唐・伯恩（Donn Byrne）聲稱他發現愛情的公式，自豪地宣布那公式如下：

$$Y= m[\sum PR/(\sum PR+\sum NR)]+k$$

其中，Y代表魅力，PR代表正增強（positive reinforcement），NR代表負增強（negative reinforcement），k是常數。對於伯恩聲稱的發現，我們可用一個數學式來表示大眾的反應：

$$X < 1$$

其中，X代表相信的人數。

其他的學者則是採用比較有建設性的方法，他們主張每個人的潛意識裡都有一份清單，列出心儀對象該有的特質。當你遇到符合所有特質的人時，腦子會突然加速運轉，你就墜入情網了。

雖然研究還是很難解釋人們是如何找到愛戀對象的，不過那的確揭露了兩種主要的愛情形式。

第一種愛情是「熱戀」，和極度興奮、意亂情迷、情緒高亢的感覺有關。那種愛情讓兩人聊一整夜，直到天明。有些心理學家對這種愛情抱持浪漫的觀點，把焦點放在男女渴望在一起，老是想著對方的面向上；有些心理學家則比較務實，他們指出熱戀刺激的大腦部位通常和吸毒及酗酒有關。

第二種愛情是「慈愛」，主要是依戀而非吸引。這種愛情是存在於穩定和諧的長期伴侶之間，重點不再是追求的興奮及初吻的強烈感受。

多年來，研究人員設計了許多問卷，試圖衡量這兩種愛（參見60-61頁）。幾年前，哈特斐德和同事把問卷發給三種情侶：剛交往的情侶、新婚夫妻，和老夫老妻。實驗結果讓哈特斐德追蹤了男女感情發展過程中的愛情演變。

首先，好消息是：剛交往的情侶「熱戀度」非常高，「慈愛度」也高。更好的消息是，新婚夫妻間的「熱戀度」和「慈愛度」又更高了。接著，不太好的消息是，結婚一年內情況開始生變，「熱戀度」和「慈愛度」雙雙降至最初交往的水準。最後，壞消息是：婚後的三十年間，「熱戀度」和「慈愛度」都持續下降，前者降得比後者快。愛也許永遠不會消失，但隨著時間流逝，愛的確大幅削減。幸好，我們在本章稍後會看到，一旦你了

解愛情的真相，你也能輕鬆地維持熱情，直到天長地久。

哈特斐德的實驗結果令人沮喪，再加上人類又需要被愛，所以我們不難理解，自古以來那些聲稱有辦法維繫長久愛情的人，始終不乏源源不絕的顧客。

你沉浸在愛情中嗎？

回答下列問題時，想像空格中是寫著你伴侶的名字，並為每個句子給分（1代表完全不符，5代表完全相符）：

1. _____離開我，我會心碎。
2. _____常在我心。
3. 在我認識的所有人中，我最想和_____在一起。
4. 如果_____愛上別人，我會非常嫉妒。
5. _____觸碰我時，我充滿了悸動。
6. 看到_____受苦，我也很難過。
7. _____和我是最佳搭檔。
8. 幫助_____讓我覺得人生充滿了意義。
9. 比起幫助我自己，我更樂於幫助_____。
10. 和_____在一起時，我覺得非常自在。

得分：

首先，把一到五題的分數加總，這是你的「熱戀度」。對照下表，看你的得分情況：

不到5分：你沒仔細閱讀說明。

5-7分：感情非常冷淡，激情已逝。

8-10分：感情有點冷淡，缺乏熱情。

11-15分：普通，偶有激情。

16-20分：熱情，但仍有進步空間。

21-25分：恭喜！你們正愛得火熱。

接下來，把六到十題的分數加總，這是你的「慈愛度」。對照下表，看你的得分情況：

5-7分：淡薄的友情。

8-10分：有感情，但不強烈。

11-15分：普通，偶爾非常關心。

16-20分：關愛彼此。

21-25分：恭喜！你們對彼此關懷備至。

追尋真愛

幾世紀以來，江湖術士和巫師宣稱他們能創造符咒及調製祕方，讓兩人陷入愛河。拜占庭帝國的人相信，吃下用驢奶和蜂蜜製成的「愛糕」，愛神丘比特的箭就會射向他們。中世紀期間，人們把番茄視為「愛情果」，導致清教徒的領袖為了阻止信徒吃這種蔬果，大量散布謠言說番茄有毒。當大家發現咒語、驢奶和番茄都無效時，大家轉而用比較腳踏實地的方式尋找真愛，例如，交友廣告應運而生。

交友廣告的歷史相當久遠，第一份交友廣告是出現在一六九五年的英國刊物《改善農務與貿易彙叢》（*The Collection for the Improvement of Husbandry and Trade*）上。那則廣告是夾在阿拉伯種馬廣告和二手床的廣告之間，是某位富商刊登的，他想找「約有三千英鎊財產的淑女」。可惜，歷史上並未記載這則廣告是否奏效。不過，這種方法迅速流行起來，大家刊登的廣告也愈來愈挑剔或幽默。十八世紀有一則廣告想找「無殘疾者」，另一條廣告只想找「腳踝勻稱的人」，還有一則廣告是寫「徵求有兩、三百英鎊的妻子，或徵求兩、三百英鎊，不當妻子亦可。」

又過了幾百年，大家對真愛的追尋似乎永不倦怠。一九五○年代，兩位優秀的哈佛學生發明了全球第一套電腦配對系統：「配對行動」（Operation Match）。為了測試系統，他們請七千多人填寫性格問卷，再把問卷的資訊轉錄到打孔卡上，放進一個小房間大的電腦主機裡運算。六周後，每位受測者都收到一份名單，裡面有合適對象的地址和電話。現在的交友網站也是採用相

同的概念，並開發出愈來愈複雜的演算法，以多種因素精確地配對數百萬人。

交友婚配產業最近的創新是一九九〇年代末期發明的，當時猶太拉比雅可夫·戴佑（Yaacov Deyo）想幫單身的猶太男女認識彼此，所以想出「速配約會」的概念。這方法迅速流行了起來，使全球有數百萬人都想靠三分鐘的聊天找到真愛。

不過，交友婚配業不只迎合想要尋求真愛的人，如果情侶間遇到問題，愛情顧問、DVD、勵志書也提供了多元的建議，他們都宣稱能幫人維繫感情。

但是那些方法有效嗎？研究者發現，靠速配約會認識某人進而交往的機率約是4%。交友網站的效果更好一點，某大網路交友公司的調查顯示，在調查的三年前結婚的夫妻中，約有17%是透過交友網站認識的。

近來關於維繫愛情的數據則比較令人沮喪。美國人第一次結婚的離婚率是二分之一，第二次結婚的離婚率是三分之二，第三次結婚的離婚率是四分之三。

眼看「裝假成真」原理可以創造快樂，研究人員因此心想，這概念是否也可以幫大家找到真愛，並鼓勵夫妻共度難關，長相廝守。

下面換史丹利·沙其特博士（Stanley Schachter）和他的愛情呼啦圈上場了。

身體感知的誤判

你看到雲霄飛車，於是心跳加速；但當你遇到心上人時，一樣也是心跳加速。不同的情緒卻對應到相同的生理反應，心理學家從而認為人類的情緒樣貌太多，生理反應卻相去不遠，這一點會導致人們在察覺自己生理反應時與身處當下的情況相連結，而導致誤判。

　　回想一下你上次有激烈情緒的情況，或許你在演講前感到焦慮、在重要的面試前感到緊張、約會順利後感到興奮，或是有人侮辱你時感到憤怒。總之，除非你是精神病患，不然你應該都會注意到身體感知的明顯變化。你可能心跳加快、口乾舌燥、手心冒汗。

　　心理學最初對情感的研究，是想找出對應多種情緒的身體感知形態。研究人員找受測者進實驗室，在他們的身上加裝感測器，然後以言語侮辱的方式激怒他們、突然製造巨大的聲響驚嚇他們，或請受測者吃蛋糕讓他們開心。接著研究團隊仔細研究大量的資料，想找出對應每種情緒的身體感知形態。生氣是否和心跳加速及呼吸急促有關？害怕是否會讓人口乾舌燥、冷汗直流？開心是否會讓心跳和呼吸減緩？

　　研究者花了好幾年的時間，打造情感的生理學寶典，卻發現顯然有地方不太對勁。雖然受測者幾乎都有多種情緒，但是這些情緒的身體感知形態卻意外地相似，這實在說不通。

後來，一九六○年代，心理學家沙其特終於解開了謎底。

沙其特在哥倫比亞大學任教，研究許多有趣的主題，例如，肥胖、尼古丁上癮、邪教、吝嗇等等。他在職業生涯的初期做了一個如今已成經典的研究，探索人類出現某種情緒時的體內變化。現在假設你也參與了他的研究：

你走在街上想著自己的事情，突然看到一則廣告徵求自願者參與某項實驗，那是研究複合維生素「甦普樂欣」（suproxin）對視力的影響。你想騰出幾小時去賺點錢，便打了廣告上的電話，對方叫你隔天到沙其特的實驗室報到。

進到實驗室後，研究人員幫你注射甦普樂欣，並告訴你一段時間後才有藥效，請你到附近的休息室等候。你走進休息室，發現裡面已經坐了一名男子，你對他客氣地微笑，你們聊了起來，他說他也是受測者，也在等甦普樂欣的藥效發威。

幾分鐘後，這名男子突然充滿活力，他發現休息室的角落有個呼啦圈，開始玩了起來，也講了一些笑話，還爬到家具上，把廢紙團扔進垃圾桶裡。你和這位「開心先生」相處約十五分鐘後，研究人員進入休息室，請你針對目前的心情填寫一份小問卷。你填完問卷後，研究人員告訴你實驗結束了。但是你也知道，心理學的研究通常沒那麼單純。

沙其特認為，科學家研究身體感知和情緒的關連性之所以失敗，是因為基本假設就有缺陷。他覺得一種情感不可能對應某種心跳、呼吸、出汗的形態，因為情感實在太多種了，但身體感知只有少數幾種而已。沙其特認為真實的狀況應該簡單很多。

他假設所有的身體感知都是生理系統造成的，生理系統的運

作就像拔河比賽一樣。

繩子的一端是紅隊，紅隊發威時，你感覺身體被喚醒了，積極活躍；腎上腺素和血糖迅速釋放到血液中，為人體提供能量；心跳和呼吸加速，使肌肉獲得更多氧氣；流向皮膚的血液減少，以免受傷時出血太多；胃部加速分泌消化液。總之，身體出現「非戰即逃」的反應（fight or flight）。如果你決定不戰鬥／逃離，體內未消耗的精力會讓你頭暈、腳軟、忐忑不安、身體顫抖。

繩子的另一端是藍隊，藍隊發威時，你的身體會鎮定下來，心跳逐漸緩和，消化系統恢復正常。

當你躺下來放輕鬆時，藍隊會開始行動，使你的心跳和呼吸減緩。當你站起來走動時，則換紅隊開始行動，使你的心跳和呼吸恢復正常。

多數時候，紅隊和藍隊會一起運作，使身體感知適應周圍的環境。例如，你看到老虎躲在樹叢間，紅隊會馬上行動，你會感覺到心跳突然加速。但是，當你意識到自己是在動物園裡，很安全時，藍隊又開始用力拔河，讓你的心跳速度減緩下來。

沙其特認為，每種情感不是對應不同的身體反應，而是只有一套系統，只是反應的強度不同。

情緒感受導致的生理反應

　　不同的人有情緒感受時，身體感知的強弱度也不一樣。請透過下面的問卷了解你身體的反應程度。

　　想像你處在壓力很大的情況下，評估以下十項敘述對你的形容是否貼切：（1＝從不；2＝偶爾；3＝有時；4＝經常；5＝總是）

壓力大時的身體反應　　　　　　　　　　　　　　　　　　**分數**

滿臉通紅或特別蒼白　　　　　　　　　　　　　　　　_____

腿軟，手開始抖動　　　　　　　　　　　　　　　　　_____

呼吸急促短淺　　　　　　　　　　　　　　　　　　　_____

心跳加快　　　　　　　　　　　　　　　　　　　　　_____

胃咕嚕咕嚕叫　　　　　　　　　　　　　　　　　　　_____

汗毛豎起　　　　　　　　　　　　　　　　　　　　　_____

口乾舌燥　　　　　　　　　　　　　　　　　　　　　_____

眼眶潮濕　　　　　　　　　　　　　　　　　　　　　_____

臉和耳朵發燙　　　　　　　　　　　　　　　　　　　_____

得分

加總分數，對照下表，看你的得分情況。

10-20：反應很弱

21-30：反應較弱

31-40：反應一般

41-50：反應強烈

　　反應強弱其實沒有好壞之分，反應弱的人在壓力下可以保持冷靜，反應強的人對威脅的初始徵兆反應比較機靈。

沙其特的理論有個很大的問題：如果身體感知只有強弱度的差異，人為什麼會有那麼多種情緒？他的解密方式是把焦點從身體移到大腦。根據他的理論，你感覺身體活動有異時，會環顧四周，判斷發生什麼事，然後確定你當下是什麼情緒。所以，假設有人對你大喊，你感覺到心跳加快，並發現對方是在罵你，因此判斷你生氣了。同理，當你和有魅力的人在一起時，你可能也感覺到心跳加快，但是大腦判斷告訴你那是欲望使然。

沙其特的觀點顛覆了大家對情感的傳統觀點。一般認為，人是先有情緒，才有身體感知。你看到獅子，感到害怕，於是開始冒汗；或者你看到雲霄飛車，變得興奮，於是心跳加速。沙其特覺得情況正好相反，你看到獅子後開始流汗，你觀察自己所處的危險情況，於是感到害怕。你看到雲霄飛車後心跳加速，你知道自己在遊樂場中，於是感到興奮。所以，沙其特的觀點其實延伸詹姆斯的情感理論。詹姆斯認為，你追蹤臉部表情和身體行為，進而確定自己的感受。沙其特則是把這個理論延伸到身體感知的領域（參見下圖）。

身體感知和情感

一般認為的因果關係是：

看到車子朝你駛來→感到害怕→胃部抽動

在路上和喜歡的名人擦身而過→感到興奮→開始流汗

沙其特的理論認為真相是：

看到車子朝你駛來→胃部抽動→觀察周遭情境→感到害怕

在路上和喜歡的名人擦身而過→開始流汗→觀察周遭情境→
感到興奮

　　如果把「裝假成真」原理如此延伸是正確的，那便促成了一項有趣的推論：在不同的情境下讓心跳加速，可讓人體驗不同的情緒。這就是剛才的實驗要你和開心先生相處的目的。

　　複合維生素甦普樂欣根本不存在，實驗也和視力無關。你現在也許已經猜到了，那位開心先生其實是實驗者派來的演員。

　　而你實驗時注射的液體是腎上腺素，會讓你的生理狀況活躍起來。那種化學物質進入你體內後，不久你體內的紅隊就會開始發威，使你心跳加速、雙手顫抖、口乾舌燥。根據沙其特版的「裝假成真」原理，當你跟開心先生在一起時，你會把奇怪的身體感知視為歡樂的徵兆，使你覺得格外快樂。

　　這就是實驗的結果。實驗一再地證明，受測者和開心先生共度一段時間後，填寫沙其特的心情問卷時，會勾選「我不知怎麼地相當的開心」。

　　「裝假成真」原理認為，在不同的情境下體驗相同的身體感知時，會讓人產生不同的情緒。沙其特為了驗證這個理論的真實性，開始做研究的第二部分。他請一些受測者到他的實驗室，注射甦普樂欣（其實是腎上腺素），然後發給受測者一份詢問個人

背景的問卷，請他到休息室填寫。

這次受測者進入休息室時，沒看到開心先生，也沒看到他搖呼啦圈，而是看到同一位演員扮演憤怒先生，一直抱怨那份問卷。憤怒先生看到問卷上問了很多私密的問題（例如「你母親有過幾次婚外情？選項：不到四次、五到九次、十次以上」），愈來愈生氣，最後憤而撕毀問卷，揚長而去。

憤怒先生的行為會使受測者把自己的心跳加速歸因於惱怒嗎？沒錯！第二組受測者在描述心情時，說自己感到很生氣。

在這兩組實驗中，受測者的身體感知是相同的。但是在第一組實驗中，開心先生讓人正面看待心跳加速，因此感到快樂。在第二組實驗中，憤怒先生為當下的情境挹注了掃興因子，讓人負面看待自己的心跳加速，因此感到惱怒。

為了確定受測者的情緒不光是受到呼啦圈或回答隱私問題的影響，沙其特在實驗中又加入了其他部分：另兩組實驗者是注射生理食鹽水，而非腎上腺素。這些受測者不會感到心跳加速，所以不會特別情緒化。因此他們和開心先生或憤怒先生相處完後並不覺得特別快樂或惱怒。

「裝假成真」原理也可以解釋情感的其他方面，例如為什麼人在特別悲傷或極其快樂時會哭泣。傳統理論很難解釋為什麼如此不同的情緒會引發同樣的行為。但是，根據沙其特的理論，每種情緒的相關身體感知都一樣，所以同樣強度的情感會引發同樣的身體反應。

有趣的是，一些研究顯示，當溫度升高時，社會上嚴重甚至致命的襲擊案件就會增加。而「裝假成真」原理也可以解釋這種

現象。人在異常炎熱的環境中，會心跳加速、開始流汗。有些人會觀察周遭環境，判斷生理改變的因素，結果把這些徵兆誤判成他們生氣了，因此做出對應的行為。這種解釋很有趣，但真的是這樣嗎？為了驗證，一群研究者把實驗室的溫度調高到攝氏三十五度，然後讓受測者有機會電擊彼此。結果發現，室溫愈高，電擊的次數愈多。研究人員讓受測者喝冰水冷靜下來，再給他們一次機會電擊彼此，這次大家突然變得沒那麼有攻擊性了。

不過，「裝假成真」原理最重要的影響，是用在追求愛情，而非挑起鬥爭上。

「怦然心動」的真假

沙其特把身體感知和情感的關係比喻成自動點唱機。就像自動點唱機需要投幣才能運作一樣，身體感知也需要透過某些事件才能啟動。就像投幣者會挑選自己想聽的歌曲一樣，我們也會在潛意識下觀察周遭，判斷該如何解讀自己的身體感知，決定自己體驗的是什麼情緒。沙其特沿用詹姆斯的模式，用「裝假成真」原理來創造快樂和憤怒，但是這個原理真的可以用來創造愛情嗎？

為了找出答案，馬里蘭大學的葛列格里・懷特（Gregory White）和同事做了兩個突破性的實驗，探索心跳和愛意之間的關係。在那兩個實驗中，懷特都讓男性的心跳加快，然後讓他們看一段影片，內容是一位美女談個人嗜好，接著請男性評估這位女性的性感度及自己想親吻她的程度。

在第一個實驗裡，懷特先請一組男士在原地跑步兩分鐘（心

跳較快），請另一組男士在原地跑步幾秒鐘（心跳較慢）。在第二個實驗中，他讓一組男士聆聽搞笑演員史提夫‧馬丁（Steve Martin）的脫口秀專輯《狂野瘋狂的傢伙》（*A Wild and Crazy Guy*）或暴民殘殺外國傳教士的駭人描述（心跳較快），讓另一組男士聆聽有關青蛙循環系統的枯燥描述（心跳較慢）。

一如預期，跑步兩分鐘、聆聽史提夫‧馬丁專輯，或殘殺傳教士描述而心跳加速的男士，比起只跑幾秒鐘或聆聽青蛙生理學描述的男士，覺得影片中的女人更有魅力。

其他的實驗也證實了這個結果，其中最有名的實驗，或許是心理學家杜頓（Donald Dutton）與艾倫（Arthur Aron）的研究。他們安排一位女性「市調員」（演員假扮）在兩座橫跨加拿大卑詩省卡皮蘭諾河的橋上接近男士。其中一座吊橋會隨著吹來的風驚險地搖晃著，另一座橋則穩固許多。那座危險吊橋讓男士們的心跳加速，他們誤以為那是熱情的徵兆，因而覺得那位女性特別有魅力。在另一個實驗中，德州大學的心理學家梅斯頓（Cindy Meston）與弗洛里（Penny Frohlich）去主題樂園訪問遊客，在遊客搭乘雲霄飛車之前或之後幾分鐘訪問他們。研究人員讓遊客看一位女性的照片，請他們評估那位女性的魅力。那些搭過雲霄飛車的人把手心冒汗誤判為熱情的徵兆，因而覺得那位女性特別有魅力。我在上一本著作《59秒的練習，靠表情、姿勢和小動作，輕鬆翻轉工作與人生》裡提過，這項研究對想要尋找真愛的人來說有個重要的寓意：如果你要約會，別去鄉間散步或上冥想課程，應該去主題樂園、去高橋上、去看喜劇表演或殘殺傳教士的恐怖片。

「裝假成真」原理也幫忙解釋了愛情的其他面向。

愈得不到愈想要

單戀往往讓人更加渴望得不到的情人，那效果可能很強烈。某位被甩的男人甚至還綁架前女友，最後聲淚俱下地解釋：「她甩了我，反而讓我更愛她了。」

多數的心理學理論很難解釋這種現象，因為我們通常會想辦法迴避讓我們感覺不好的人。不過，「裝假成真」原理為這種現象提出了可能的解釋。

當我們無法做想做的事情時，通常會感到沮喪和生氣。如果這時剛好又身陷情網，就可能把沮喪的生理訊號誤判為熱情。當你被拒絕得愈明顯，就愈覺得得不到的戀人充滿了魅力。

那理論也可以解釋愛情障礙對人心的奇怪影響。希臘作家瓦西里科斯（Vassilis Vassilikos）寫過一個故事，描述兩種虛構的生物：一種是上半身是鳥的魚（鳥魚），另一種是上半身是魚的鳥（魚鳥），牠們深愛著彼此。有一天，鳥魚煩惱地對魚鳥說，牠們永遠不能生活在一起（性愛也不容易）。魚鳥樂觀地回應：「不，我們多幸運！我們會永遠相愛，因為我們永遠分開。」

瓦西里科斯不是第一個認為距離有助於戀情的作家。在羅馬神話中，皮拉摩斯（Pyrasmus）和提斯柏（Thisbe）相戀，但雙方的父母不准他們在一起，設法阻止他們相見。兩家人比鄰而居，這一對戀人只能對著有裂縫的隔牆傾訴衷曲。作家伊蒂絲·漢彌爾頓（Edith Hamilton）描述這段故事時寫道：「然而，愛是禁不住的。愛焰愈是掩蓋，愛火愈發炙熱。」同樣的，在莎士

比亞的著名悲劇《羅密歐與茱麗葉》裡，兩個敵對的家族愈是阻撓他們在一起，他們對彼此的感情愈加深厚。

為了探索這種奇怪的現象是否也存在現實生活中，科羅拉多大學的心理學家理查·德里斯科（Richard Driscoll）追蹤一百多對情侶的生活一年，衡量他們愛戀彼此的程度及父母阻撓戀情的情況。結果顯示，父母愈是反對的情侶，兩人的感情愈是加溫。德里斯科把這種現象稱為「羅密歐與茱麗葉效應」，以示對莎翁的敬意。

許多有關愛情的理論認為：「眼不見，心不念。」他們預期情侶分隔時，愛意可能也會逐漸消失。相反的，「裝假成真」原理則可以解釋上述的現象，情侶愈是分開，愈是失落，他們愈有可能把那股失落感誤解成熱情。

「裝假成真」原理也可以解釋反彈效應（rebound effect）。感情結束後，通常會讓人特別焦慮。如果結束一段感情後，不久又遇到新的潛在對象，可能會把焦慮誤解成熱情。有一項研究證實了這一點，研究人員安排一群男性做性格測驗，讓有些人得到正面回饋（使他們感覺良好），讓另一些人得到負面回饋（使他們感到焦慮）。接著，研究人員請受測者到餐廳等候，在餐廳裡，有美女主動找上他們。結果剛收到負面回饋的男性覺得那位女性特別有魅力，這個結果一如沙其特的預期。

沙其特的「裝假成真」原理也可以解釋「斯德哥爾摩症候群」（Stockholm syndrome）。不幸遭到綁架的人質常對劫持者產生一種奇怪的感情，這種症狀意外地常見。美國聯邦調查局的人質資料庫系統顯示，有近三分之一的人質都有這種症狀。有趣

的是，這種現象只出現在劫持者對人質展現一些好意時才會出現，所以人質可能把被挾持的焦慮感誤判為喜歡的徵兆。同樣的概念也可以用來解釋為什麼有些人依舊愛著施暴的伴侶。

多年來，心理學家以為情感影響生理表現：生氣讓人心跳加速，焦慮讓人冒汗。但沙其特以類似詹姆斯的方法證明，人們詮釋身體感知的方式決定了他們的情緒。在不同的情境下，心臟急速跳動可能是生氣、快樂、愛情的跡象。研究人員運用沙其特的理論來創造愛意，例如，讓人看喜劇、走過危險的橋樑、乘坐雲霄飛車。這理論也解釋了愛情許多奇怪的面向：為何被拒絕以後反而更加愛戀、為什麼把情侶分隔開來反而讓他們愛得更深、為什麼有些人離不開虐待自己的伴侶。

研究人員受到沙其特的啟發，開始探索以「裝假成真」原理影響愛情的其他方法。

實驗室裡的愛情

假若做出快樂的肢體動作可以製造快樂，那麼如果兩人表現出愛上彼此的樣子，是否也能引發愛意？在電影《史密斯任務》中伴演相愛夫妻的布萊德‧彼特和安潔莉娜‧裘莉用真實的人生告訴你：「是的！」

　　十九世紀末，維多利亞時代的怪咖科學家法蘭西斯‧高爾頓男爵（Francis Galton）畢生致力研究奇怪的心理現象。他的座右銘是：「想辦法隨時隨地計算。」為此，他衡量過同事演講時聽眾煩躁不安的程度，以此判斷同事的演講是否無聊；他計算過神職人員的平均壽命，以測試祈禱的效果；他甚至花了好幾個月的時間，尋找沖泡完美好茶的方法。

　　在名為〈性格測量〉（*Measurement of Character*）的文章中，高爾頓認為測量兩人對彼此的「傾斜度」，可以衡量他們相愛的程度。他說戀人同桌用餐時，會明顯傾向對方，因此把較多的重量放在椅子的前腳上。他認為我們也許可以在日常家具的前腳加裝「有刻度的壓力測量器」，客觀地測量情侶的愛意有多深。高爾頓在文末指出：「我做了幾個粗略的實驗，但後來因為還要忙其他的研究，就沒再繼續研究下去了。」可惜，維多利亞時代的科學家不願照著高爾頓的建議修改家具，所以測量戀人舉止的點子就逐漸遭到遺忘了。

　　直到一九七〇年代才有人重新嘗試記錄戀人的行為，不過研

究人員並非像高爾頓建議的那樣採用隱藏的測量器，而是使用觀察法。一群研究人員花了幾年的時間，探索鮮少心理學家涉足的地方，造訪了許多酒吧和派對，偷偷觀察戀人間的行為。研究結果證實了多數人的臆測：戀人的身體的確比較貼近彼此，也花較多的時間凝視彼此的眼睛，在桌底下觸腳調情，模仿對方的語言，觸碰彼此的手和手臂，分享各自的祕密。

研究人員眼看「裝假成真」原理可以用來製造快樂，他們也想知道，如果兩人表現出愛上彼此的樣子，會不會也真的愛上對方。

第一個相關的實驗是由美國斯沃斯莫爾學院的肯尼思・格根（Kenneth Gergen）完成的。由於情侶們常在黑暗中共度美好時光，格根心想，如果他鼓勵陌生人也這麼做會發生什麼事。他先在一間十英尺平方大小的房間裡，以泡棉鋪滿地板和牆壁，接著找四男四女在房間裡共處一小時。之後，他把燈關上，叫另一組類似的受測者在全暗的房間裡相處一小時。

格根分別使用普通的相機和紅外線相機記錄房間裡的動靜，並在實驗結束後訪問每位受測者。他在〈黑暗中的逾越〉（*Deviance in the dark*）裡描述研究結果：燈亮時，沒有受測者觸碰或擁抱他人，只有30%的受測者感覺到性欲。燈全關時，情況就不同了。近90%的受測者刻意觸摸別人，50%擁抱別人，80%感受到性欲。此外，黑暗中的人也比較可能開始聊起人生中的重要事件，因而感到彼此更加親近。格根的錄影顯示，有些人甚至開始撫摸彼此的臉頰並接吻。光是讓人處在情侶喜歡的情境中，大家很快就開始展現情侶的行為，覺得對方更有魅力。

說到實驗室裡製造的愛情，那還只是冰山的一角而已。

戀人間的肢體動作

既然微笑可以讓人快樂，哈佛的心理學家丹尼爾·韋格納（Daniel Wegner）想知道，陌生人偷偷在桌底下觸腳調情，是不是也會讓他們受到對方的吸引。韋格納注意到那些探索「微笑讓人快樂」的研究都會另外辦個名目，以避免受測者告訴研究人員想聽的訊息，所以他也告訴受測者他是在研究打牌者的心理。

韋格納邀請自願的受測者來到實驗室，四人一組，兩男兩女，並確定受測者都不認識彼此。接著，研究人員把每一組分成兩隊，一男一女組成一隊，讓兩隊玩撲克牌。研究人員先把兩隊分別帶到不同的房間，說明遊戲規則。他們教一組作弊，在打牌時互打訊號。怎麼打訊號呢？兩人從頭到尾不斷用腳觸碰對方的腳以傳遞訊息。

所以受測者在不知情下做了類似觸腳調情的動作。牌局結束後，研究人員請受測者評估隊友的魅力，那組表現得像戀人的男女覺得彼此比較有魅力。

韋格納不是唯一試圖在實驗室裡創造愛意的人。二〇〇四年，紐約州立大學石溪分校的心理學家亞瑟·艾倫（Arthur Aron）和芭芭拉·弗拉利（Barbara Fraley）也用眼罩和吸管做了一樣奇怪又深入的實驗。

年輕的情侶經常在一起玩樂，所以研究人員想知道，鼓勵兩人在一起時假裝很喜歡和對方相處，是不是也會拉近彼此的距離。為此，他們把受測者找來實驗室，隨機男女配對，並把所有

的配對者分成兩大組。

研究人員讓第一組的配對男女共度歡樂時光，他們把每對男女中的一人綁上眼罩，叫另一人咬住吸管，接著研究人員叫咬吸管的人說明舞步，請蒙眼者跟著指示學舞。之後，研究人員讓受測者拿掉眼罩和吸管，給其中一人筆和紙，並偷偷告訴另一人某個簡單物體的名稱，例如，樹木或房子。知道物體名稱的人必須在不講出名稱下，以描述的方式讓另一人畫出那個東西。第二組的配對男女不用吸管和眼罩，只在比較沒有表情的情況下學習同樣的舞蹈和畫畫。

遊戲結束後，研究人員請受測者畫兩個重疊的圓圈，重疊的面積顯示兩人的親近度。剛剛表現比較像快樂情侶的男女，突然覺得彼此親近多了。

多年來，研究人員做了許多類似的研究。在一些實驗中，心理學家佯稱他們是在測試第六感，請受測者凝視對方的雙眼。在另一些實驗中，研究人員鼓勵素昧平生的陌生人分享心中最大的祕密。研究一再證實，愛意是可以製造出來的。

假戲真做的奧祕

美國的心理學家羅伯·艾普斯坦（Robert Epstein）受到這些研究結果的激勵，決定更進一步，研究能不能在實驗室外運用這些技巧製造愛情。

艾普斯坦的職業生涯相當多采多姿。快二十歲時，他覺得自己的天命是當猶太拉比，所以他變賣了所有財產，前往以色列。六個月後，他發現他誤會了天命的本質，轉而回到美國，決心

「為人類做出重大且持久的貢獻」。他對心理學產生興趣，最後進入哈佛大學就讀，短短四年內發表了二十一篇科學論文，所以哈佛大學心理系的系主任特別批准他不必寫畢業論文，並建議他「把一些發表過的文章集結成冊，盡早出版」。幾年後，艾普斯坦成為知名雜誌《今日心理學》（*Psychology Today*）的編輯（心理學家暱稱這份雜誌的過期刊為《昨日心理學》）。二〇〇三年他離開雜誌社，開始研究多種主題，包括創意、壓力、青春期、愛情等等。

艾普斯坦認為，說到愛情，西方人從小接受童話故事、浪漫小說、好萊塢電影灌輸的危險謊言。大家從小閱讀的故事裡，描述身穿閃亮盔甲的騎士拯救不幸的女子，也描述愛情是一種奇妙的情感，是由魔力之吻、神奇藥水和天神旨意促成的。長大以後，大家看的書籍和電影描述主角不斷地追尋真愛，成功的話，從此過著幸福快樂的生活。艾普斯坦認為，這些錯誤的愛情觀滲透了我們的大腦，破壞了我們的生活。

他覺得愛情不是一種魔力，一個人也不是注定和某人在一起。他覺得愛情是根據既有的心理學原理發展出來的。任何人只要表現出相愛的樣子，幾乎都能愛上彼此。

這想法也許聽起來很古怪，但是有些證據顯示那可能是真的。

許多名人就是在螢幕上扮演情侶後假戲真做，例如李察・波頓（Richard Burton）和伊莉莎白・泰勒（Elizabeth Taylor）拍完電影《埃及豔后》（*Antony and Cleopatra*）後，兩人就陷入熱戀。布萊德・彼特和安潔莉娜・裘莉在《史密斯任務》（*Mr. &*

Mrs. Smith）中扮演夫妻後，也愛上彼此。華倫・比提（Warren Beatty）在《豪情四海》（*Bugsy*）中扮演黑幫老大巴格西・席格，對安娜特・班寧（Annette Bening）扮演的好萊塢新秀一見鍾情，這部電影拍完後不久，兩人就結婚了。在這些例子中，他們都在片中扮演情侶，很快就變成假戲真做。

　　二〇〇二年六月，當時年紀坐四望五的艾普斯坦仍單身，他宣布他要做一個「大膽又私人」的研究，探討他的愛情理論究竟正不正確。他在《今日心理學》裡寫道，他想找一個願意和他一起實驗的女性，研究兩個陌生人能否學習愛上彼此。艾普斯坦不必經歷約會的可怕細節，他和選中的女性會花六到十二個月的時間相處，依循一套讓他們愛上彼此的簡單規則（例如，雙方都同意不和別人約會，並參與可以促進感情的活動），然後合寫一本書暢談經歷（書名暫訂為《製造愛情：我們如何學會相愛，你也能做到》）他解釋這個概念不是在製造噱頭，而是為了認真研究愛情的本質，並指出幾家大型的出版商已有意出版這本書。

　　這想法迅速獲得媒體的關注，有一千多位女性報名參加實驗。艾普斯坦面試了十五位申請者，但她們全被打了回票。艾普斯坦後來解釋，很多女性似乎比較想藉此出名，而不是真的想學習愛他。

　　後來，二〇〇二年的耶誕節，艾普斯坦搭飛機時坐在委內瑞拉籍的前芭蕾舞者蓋布瑞拉・卡斯提洛（Gabriela Castillo）的旁邊。兩人聊了起來，艾普斯坦提起他的實驗，詢問卡斯提洛願不願意跟他一起完成實驗。一開始卡斯提洛不願意，但後來還是答應了。他們在二〇〇三年的情人節簽署「愛情合約」。可惜，他

們深受遠距戀情所苦（卡斯提洛在委內瑞拉，艾普斯坦在美國），雖然他們一起去找愛情顧問好幾次，在實驗幾個月後，他們還是決定終止。二〇〇八年，艾普斯坦和他在馬恩島演講後認識的女子結婚了。

個人愛情計畫的失敗，並未讓艾普斯坦就此放棄，後來他又設計許多幫人在實驗室外增進感情的方法，並在加州大學聖地牙哥分校實測。那些實驗是鼓勵陌生人完成一些誘發愛意的任務，例如，溫柔地擁抱彼此、與對方的呼吸同步、以愛慕的眼神凝視對方、陷入彼此的懷中、在不觸碰下盡量拉近彼此的距離（艾普斯坦表示，最後一項通常會讓人親吻起來）。

艾普斯坦請這些受測者評估實驗前和實驗後對彼此的感情親近度，結果顯示，實驗後雙方的確覺得對方更有魅力，感情也比較親近。

這結果聽起來振奮人心。這種製造愛意的方式能幫人找到愛情嗎？接下來我們就來找答案。

「裝假成真」原理幫你走出情傷

你一直無法從上一段感情挫折中走出來嗎？「裝假成真」原理可以幫你。

新加坡國立大學商學院的研究員李修平（Xiuping Li）請八十人寫下最近最後悔的決定，接著請其中一些人把寫下的東西交給研究人員，請另一些人把寫下的東西裝入信封，封起來。那些把後悔的事情封在信封裡的人，比交出去的人感覺好多了。把過去的描述放進信封裡，就好像心裡封存了那段記憶，可以重新出發了。

下次你需要從舊戀情中走出來時，就在一張紙上簡單地描述那段戀情，把那張紙放入信封裡，和過去吻別。

如果你真的想找點樂趣，就找一根火柴來，把那個信封燒成灰。

把你逝去的戀情寫在下一頁上，撕下那一頁，放進信封裡，和它道別吧。

提高速配約會的成功率

速配約會常讓人覺得重複又無聊，整個晚上每個人一再重複說著同樣的話題。我想知道有沒有可能用「裝假成真」原理，創造更有趣又有效的新型速配約會。

首先，我在愛丁堡的市中心租了一個喬治王朝風格的舞廳，相當富麗堂皇。接著，我刊登廣告，徵求想要參與探索魅力科學的單身男女，然後邀請單身男女各二十人來我的實驗室。

活動開始前，我們在桌上擺好蠟燭，調暗燈光，播放浪漫歌曲，把場景準備就緒。受測者抵達時，我們一一安排他們坐到長桌邊，男性坐一邊，女性坐另一邊。我們發給每位男女一本《愛情手冊》，裡面列出今晚的活動說明。（參見88-89頁）

大家都坐定位後，我們就展開活動。第一個活動是叫每個人和對面的人聊天，了解對方的姓名和背景資訊。接著我們發空白卡片和麥克筆給每個人，請他們幫對方做一張名牌。這張名牌需要包含對方的姓名和一些有趣的資訊。最後，我們叫每個人把名牌交給對方。相愛的情侶通常會為彼此製作小禮物或贈送對方小禮。這個活動的目的，是要讓受測者表現出覺得對方很有魅力的樣子。

這個活動結束後，我們請受測者勾選日後是否還想和對方見面。接著，所有的女性更換座位，和下一位對象做第二種活動。這個流程就這樣進行一整晚，每次都和不同的對象做不同的活動，有些活動是要求受測者凝視對方或牽手，有些活動是請他們交換祕密，或一起達成某個目標。

製作愛情手冊

　　以下是改良版相親約會中使用的一些遊戲。只要稍微發揮創意，就可以用這些遊戲在日常生活中創造魅力。

遊戲1. 心電感應（創造眼神接觸）

　　偷偷在下面的空白處畫個簡單的圖。

接著注視對方的雙眼四十五秒，試著以心電感應的方式把剛剛的圖傳遞給對方，並接收對方傳來的圖。在下方空白處畫出你覺得對方傳給你的圖案。

　　最後，比較兩張圖。花幾分鐘討論圖案是否相符？為什麼你會畫那張圖？為什麼對方會畫那張圖？

遊戲2. 說出祕密（分享心事）

和對方討論以下五個問題：

1. 什麼是你一直想做卻沒做的事，說明你為什麼還沒做。
2. 想像你的房子或公寓失火了，你只能搶救一樣東西，那會是什麼？
3. 你會給十歲的自己什麼建議？
4. 你最喜歡自己生活中的哪一部分？
5. 上次你喜極而泣是什麼時候？

遊戲3. 知你知我（互相探索）

輪流回答以下五個問題：

1. 如果你有超能力，希望那是什麼能力？
2. 你最想和哪位名人共進晚餐？
3. 如果你能回到過去，你想回到哪個年代？
4. 如果你能任選工作，你會選什麼工作？
5. 如果你明天中樂透頭彩，你會怎麼花那筆錢？

每個人在凝視對方的雙眼及分享內心祕密時，都覺得很有趣，但是這些活動能幫他們增進愛意嗎？過去幾年間我辦了好幾次傳統的速配約會，雙方都勾選「是，我想再見到對方」的人，比例約20%。運用「裝假成真」原理時，成功率則變成45%。花幾分鐘表現出覺得對方很有魅力的樣子，就足以讓他們產生愛意。

　　一開始，麗恩和尼克是單身。他們配對後，一起做「看手相」遊戲（參見下頁）。這個遊戲的目的是要讓他們談論自己的生活，並以可接受的方式觸碰彼此，同時一起歡樂。在遊戲期間，他們兩人有多次眼神接觸，也喜歡藉故握著彼此的手那種親密感。遊戲後他們閒聊，發現彼此有很多共通點，兩人都笑得很開心。

　　他們都表示願意再和對方見面，所以我安排他們以電子郵件聯絡。他們約好下周一起喝咖啡，喝咖啡也很順利，所以他們又一起出去用餐，也喝了幾杯酒。幾天後再約見面時，他們已經愛上彼此，現在是交往中的情侶。

　　「裝假成真」原理顯然可以幫人認識對象，進而交往，但是那原理能幫人從此過著幸福快樂的生活嗎？

看手相的威力

你單身，想用「裝假成真」原理改善愛情運勢嗎？或者，你想為現有的關係挹注新的熱情嗎？恩愛的情侶常手牽手，聊他們的生活。這個活動是鼓勵兩人表現出覺得對方很有魅力的樣子。

撕下95頁的手相圖，放在錢包或袋子裡。如果你單身，遇到心儀的對象時，可以問他想不想玩不準，但有趣的看手相遊戲。如果他同意，就拿出這張紙，請他伸出一隻手，手掌向上。如果你已經有伴侶，就說你最近突然有了奇妙的第六感，請你的另一半把手伸出來。

總之，你以一隻手輕輕托著對方的手，另一隻手輕輕觸摸他手掌上的紋路，用那張圖來幫他看手相。解讀手相的時候，內容盡量輕鬆一點，所以最好不要看他們的「生命線」，不要露出擔心的表情，也不要說出「很遺憾」之類的話。此外，盡量讓對方多談談自己，引導他注意你們的相似之處。最後，記得在某個時點對他強調，看手相完全是無稽之談，你只是說著玩的。

為了讓你每次看手相都很順利，圖中有十個提示，每個提示
分別代表以下的敘述：

1. 這條線表示你童年很快樂，你特別喜歡玩某個玩具……

2. （看完一條線後）過去幾年你經歷了一些起伏，對
吧？……你搭了很多次雲霄飛車嗎？

3. 這條漂亮的紋路顯示你很有創意，但你總覺得那領域裡
有東西阻礙著你……

4. 哇，很明顯的「智慧線」，你是個獨立思考的人，對
吧？……不會只是贊同別人的觀點，而會自己查證所有
的真相……但你也相信直覺。

5. 你可以把手抬高一點嗎？你看這條線，這顯示你不喜歡
別人告訴你該做什麼，不太喜歡權威。

6. 這條線代表好奇，看來你很容易覺得無聊……這可以解
釋你現在的表情。

7. 嗯……這條線顯示你有時候會擔心自己控制不了的情
況，有時你運氣比較差，對吧？

8. 你的「想像線」很明顯，顯示你喜歡做白日夢；聊天無
聊時，心思常飄到別處。你現在還滿專心的。

9. 喔，我喜歡這條線，這顯示你很誠實值得信賴。我可以
跟你借用五美元，本周結束時還你嗎？

10. 整體來說，你前途無量，我看得出來你會安定下來，和
    夢寐以求的情人過著幸福快樂的生活，那個人是……
    （這裡填入你自己的描述）。

手相：簡易指南

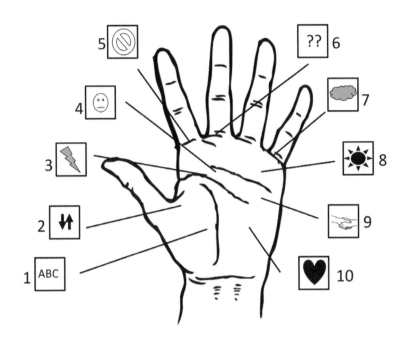

打造美滿結局

剛墜入情網時，情侶常約會，黏在一起，嘗試許多令人興奮的新鮮事。但是隨著時光流逝，戀人間的相處容易落入一成不變的窠臼，老是聊同樣的話題，一再造訪相同的地方，可能開始厭倦彼此的陪伴。事實上，幾個實驗證實，乏味是婚姻不美滿的主因。心理學家艾倫（前面提過做了吊橋實驗、眼罩和吸管實驗的那個人）想知道，讓相處多年的夫妻或情侶表現出生活又充滿樂趣一般，會不會讓他們愛火重燃。

艾倫招募了五十對平均結褵十四年的夫妻，請他們加入為期十周的實驗。他發給每個人一張活動清單，請他們評估喜歡每項活動的程度，以及活動的刺激程度。接著，他把這些夫妻分為兩組，請第一組每周花一個半小時做他們日常喜歡的活動，請第二組花同樣的時間做刺激的活動。

實驗結束後，艾倫讓每個人評估自己在婚姻裡的快樂程度。參與刺激活動的人（例如滑雪、登山、跳舞、聽演唱會）遠比參與日常喜歡活動的人（例如看電影、外食、造訪朋友）快樂。

這結果顯示，長期維繫愛情的關鍵，在於避免受到熟悉事物的誘惑，為生活增添刺激的元素。一起做刺激的活動，像場令人興奮的約會一樣，可以讓時光倒流，輕鬆找回熱戀的感覺。

隨機創造幸福人生

　　這個練習的目的，是幫情侶找回剛開始交往時的熱情。首先，你和另一半各自圈選第一部分的活動。

第一部分：看看下面的活動，圈出你覺得刺激的活動。

在鄉野間漫步	搭快艇出遊
去看現場演唱會	吃蝸牛
運動	放風箏
規劃旅行或假期	開車長途旅行
逛街購物	賭馬
去沙灘	在遊樂場搭乘遊戲機時親吻
藝術創作	在地圖上隨意指個地方，然後就去當地旅行
重新擺設或裝潢居家	參與酒吧的遊戲
去看體育賽事	學一些馬戲團的把戲
去新餐廳	泛舟
去聽講座或演講	比腕力
露營、爬山或搭船	潛水或高空跳水
請朋友來家裡用餐	露天而眠
學習風帆衝浪	搭水上飛機
跳舞	長途火車旅行
去遊樂園或動物園	寫情書

按摩或去健身俱樂部　　　搭超大型的雲霄飛車

去健身房　　　　　　　　打漆彈

大肆採購　　　　　　　　搭熱氣球

造訪博物館或藝展　　　　和海豚同泳

看電影　　　　　　　　　跳傘

列出兩項你覺得刺激的其他活動

活動一：

活動二：

第二部分：與你的伴侶坐下來，看你們第一部分的答案。找出六個你們都覺得很刺激的活動，寫在下面的空格裡。

　　一九七〇年代初期，盧克·萊恩哈特（Luke Rhinehart）出版小說《骰子人生》（*The Dice Man*），那本小說描述一位精神科醫生以擲骰子的方式做重大決定。現在換你當擲骰者了！找一顆骰子，以擲骰子的方式挑選活動。一定要在未來兩周內完成這個活動，每兩周重擲一次骰子。

骰子人生：

1.

2.

3.

4. _____

5. _____

6. _____

幾世紀以來，科學家努力探求愛情的奧祕。一些傳統的理論指出，是因為有愛促使人心跳加速、並以愛戀的眼神凝視伴侶的眼睛。然而，「裝假成真」原理則證明事實正好相反：表現出戀愛的樣子可以點燃愛火；鼓勵陌生人牽手、觸腳調情，會讓人從而萌發愛意；讓結褵多年的夫妻重溫剛交往時的興奮感，他們會突然覺得對方再次顯現難以抵擋的魅力。這個簡單但重要的原理可以幫人找到真愛，從此過著幸福快樂的生活。

　　愛情並無法改變一切，但是改變行為卻可以創造全世界最渴望的情感。

CHAPTER 3

行為改變心理健康

- 認識「神經界的拿破崙」
- 了解看體育賽事為何對健康有害
- 發現應付恐懼、不安和憂鬱的方法

「行動是絕望的解藥。」

——瓊・拜雅（Joan Baez）

癱瘓和情緒

心理學家認為,如果行為創造了情緒,那麼全身癱瘓的人應該感受不到情緒。一項實驗研究結果顯示,剛注射過肉毒桿菌的婦女,因為臉部肌肉喪失活動力,使得情緒感受力也跟著喪失。

當你閱讀本書時,全球有數百萬人正飽受心理問題之苦。有些人對某些事物有不理性的恐懼、有些人有極度焦慮、有些人則是陷入憂鬱,難以脫離。一個多世紀以來,科學家與心理學家試圖治療這些問題。他們採用許多方法,包括藥物治療、腦部手術、談話治療等等。「裝假成真」原理能不能幫助患者擺脫這些心理問題呢?

詹姆斯第一次提及他的革命性理論,是在一篇論文中。那篇論文名叫〈什麼是情緒?〉(*What Is An Emotion?*),文末他大膽推測,如果行為創造了情緒,全身癱瘓的人應該感受不到情緒。他也知道要驗證這點很難,因為我們很難判斷全身癱瘓者的情感世界。(「我必須坦承,驗證這個假設和斷然駁斥一樣困難。」)那篇論文如今已成為經典,在論文發表八十年後,研究人員想出一個巧妙的方法測試他的假設,也因此為治療疼痛、恐懼、憂鬱的新方法奠定了基礎。

為了了解那些研究的卓越之處,我們需要先了解身體內部的情況:

在你閱讀本書的當下，有成千上百萬的電脈衝在你體內的高速公路上（神經通路）迅速地奔馳，這條高速公路從頭部一路覆蓋到腳部。

神經通路上有一條線道是把資訊從你的感覺受器（sensory receptor）傳到大腦。你現在閱讀句子的同時，這些受器都在努力地運作。你坐著時，腳部和臀部的感覺受器會持續傳輸以下的訊息到大腦：「我承受著上半身重量的壓迫。」每次你翻頁時（如果你是使用最新流行的電子書閱讀器，那就是按「下一頁」的按鍵），指尖的感覺受器會傳輸動作資訊給大腦。膀胱和消化系統也會使用那條神經通路傳輸資訊，告訴大腦你是否需要上洗手間或吃東西。同樣的，數百萬條視覺纖維持續把眼睛看到的資訊傳給大腦，它們現在正忙著傳輸書頁上的每個文字形狀，把文字轉化成語言。

神經通路的另一條線道是以相反的方向傳輸資訊，把訊號從大腦傳給身體。如果你現在正坐著，電脈衝會持續傳送訊號給大肌肉群，以確保你在椅子上維持平衡。每次你翻頁或按「下一頁」的按鍵時，那些訊號掌控著你的手和手指的細膩動作。當你的大腦興奮時，它會用神經通路傳輸訊號，讓你的心跳加速、呼吸加快。你讀這些文字時，神經通路上的其他訊號會迅速掃過頁面上的每每一行，並對於你剛漏看了句子裡有兩個「每」字而感到有些懊惱。

那條神經通路始於大腦底部，沿著脊椎而下，沿途有許多接合點，負責許多身體部位和大腦間的資訊來回傳輸。通往脊椎底端的接合點是負責腿部和腳部的資訊傳輸；通往神經通路中段的

接合點是負責傳輸手和手臂的刺激；通往神經通路頂端的接合點是負責臉部和眼睛的資訊傳輸。同樣的，往返膀胱的資訊傳輸會在脊椎底部加入神經通路；消化系統的資訊是在稍微上面一點的地方加入神經通路；心臟則是由脊椎頂端接合點所傳送的訊號來掌控。

萬一這整套緊密相連的訊號系統突然失靈了，你體內會有多個器官衰竭，你會立刻死亡。不過，好消息是，對多數人來說，這套系統運作得相當平順。在你人生的每一刻，資訊都在身體和大腦的神經通路及支路上穿梭，讓你得以察覺周遭、採取行動、繼續活著。不僅如此，整套系統已經高度進化，在意識掌控外也可以運作，你可以把意識專注在生活中比較細膩的事物上，例如，欣賞卓越的藝術品、了解科學進步，或是在周末找到水電工來幫忙。

一九六〇年代中期，心理學家喬治·侯曼（George Hohmann）在亞利桑那州的榮民醫院工作。他的病人大多下身麻痺，他覺得這些病人正好可以測試詹姆斯的論點：「無活動力有礙情緒產生。」侯曼有許多病人是因為脊髓受傷而癱瘓，脊髓受傷的程度和麻痺程度成直接相關。例如，脊椎底端受傷會切斷神經通路的下半段，使腿部癱瘓，失去知覺；相反的，脊椎上端受傷會截斷神經通路的更大部分，使雙腿和雙手都失去知覺和行動力。侯曼認為，如果詹姆斯的理論是對的，脊椎受傷的部位愈高，身體能動的部位愈少，失去的情緒感受力愈多。

侯曼找來脊椎受傷的病人（五段脊椎中有一段受傷者），訪問他們的情緒感受。

在實驗中，他請病人比較受傷前和受傷後感到恐懼的頻率有何不同。脊椎底端受傷的病人表示沒多大差別，脊椎上端受傷的病人說他們受傷以後變得不會恐懼。從病人的回應可以看出沒有情緒的生活是什麼樣子，一位毫不恐懼的病患說：「有時候我看到不公平的現象時，會表現得很生氣，我會喊叫、咒罵、大鬧，因為我發現，有時候你不那樣做，別人會占你便宜。但是，現在我沒辦法像以前那樣表現得滿腔怒火了，就只是大腦裡生氣而已。」

侯曼問病人對其他情緒（例如，悲傷）的感覺時，也是出現同樣的形態：脊椎受傷的部位愈高，身體能動的部位愈少，愈難感受到情緒。

侯曼的研究對詹姆斯的非凡論述是一大肯定，證明了身體動作決定了你的情緒感受。正如詹姆斯在八十多年前預測的那樣，脊椎受傷的部位愈高，情緒感受力消失得愈多。

最近其他的研究者也想研究詹姆斯的理論是否也適用在臉部表情。顏面神經無法移動的人是否情緒感受也會減少？研究者可以花幾年的時間追蹤顏面麻痺度不同的人，然後評估他們的情緒感受力。但是他們突發奇想，找到一群自願癱瘓部分臉部神經的人，幫他們省了大量的時間和精力。

肉毒桿菌（在科學界稱為「肉毒素」）是全球最流行的醫美項目，原本是用來治療臉部肌肉抽搐的患者，做法是把它注射到臉部，以麻痺讓肌肉收縮的神經。一九九〇年代初期，研究人員發現把它注射到眉宇間的皺紋時，可使額頭部分麻痺，有效地減少皺紋。這樣做雖然可以讓人看起來更年輕，但有時候也讓人面

無表情，臉部僵硬。

哥倫比亞大學巴納德學院的約書亞・伊恩・戴維斯（Joshua Ian Davis）和同事想知道，這種回春術能否用來檢測詹姆斯的理論。他們招募了兩群女性來實驗，其中一群是剛注射過肉毒桿菌，另一群是在額頭注射另一種「填充物」，兩種注射的目的都是為了讓人看起來更年輕，但是只有注射肉毒桿菌會麻痺臉部肌肉。戴維斯請這些女性觀賞幾段影片，其中一段是人吃活蟲的恐怖片段、一段是美國爆笑節目的片段、一段是畫家傑克森・波拉克（Jackson Pollock）的嚴肅紀錄片。他們請這些女性在看完影片後評估自己的感受，結果注射肉毒桿菌的女性情緒反應較小，由此可見詹姆斯是對的，身體喪失活動力（這裡是指臉部表情）會使情緒感受力也跟著喪失。

脊椎受傷的病人及注射肉毒桿菌的女性都清楚顯示：抑制行為或臉部表情可以阻礙人產生某些情緒。缺點是他難以感受到幸福和歡樂的正面情緒，優點是他們也不會感受到憤怒、焦慮等負面情緒。這結果令研究人員大感好奇，他們開始研究後面那個結果是否可以用來幫人迴避討厭的感覺。

消除疼痛和憤怒

想要抑制憤怒，有一種更快、更有效的方法：想平靜下來，就表現出平靜的樣子。就像微笑能讓你開心，凝視別人的眼睛能讓你感覺愛意，表現出平靜也能讓你迅速平靜下來。

　　一九七〇年代，英國醫生彼得・布朗（Peter Brown）造訪中國一家兒童醫院，觀察當地醫生如何做扁桃腺切除術，結果令他大為震驚。

　　西方國家做過扁桃腺切除術的患者往往表示手術相當痛苦，中國的情況則截然不同。布朗看到一群五歲的孩子笑瞇瞇地站在手術室外排隊，護士迅速對著孩子們的喉嚨噴上麻醉劑，接著一一帶著孩子進入手術房。面帶微笑的孩子爬上手術桌，張開嘴巴，醫生只花幾秒鐘就切除了扁桃腺，並把切除的組織丟進水桶裡。孩子起身，若無其事地走到旁邊的休息室。

　　東西方的患者做扁桃腺切除術時，感受竟然如此迥異，可見疼痛感是主觀的，因人而異。這不是特例，很多人做同樣的手術、經歷同樣的事件、罹患同樣的疾病、遭遇同樣的意外，但感受的痛苦程度不同。為什麼會這樣？根據「裝假成真」原理，這主要是行為不同的緣故。

　　有些社會心理學的實驗叫受測者對別人施加危險的電擊，但實際上那電擊是無害的，對方只是演員。不過，在大學道德委員

會出現以前（許多心理學家稱那個年代是「美好的過往」），有些實驗的確是對受測者施加真實、疼痛的電擊。

達特茅斯大學的約翰・蘭澤塔（John Lanzetta）及同事就做過那種實驗。蘭澤塔每次找一名志願者到實驗室，把他連上兩台機器。首先，研究人員把電極裝在志願者的雙腿和左手上，接著把電線接上電擊發射器。然後，研究人員把汗水感測器裝在志願者的右手，以持續測量他緊張的程度。確定機器已經準備好發射電擊和感測後，研究人員就離開實驗室，回到隔壁房間。

研究人員透過閉路電視觀察與聆聽受測者，並與受測者對話。他們告訴受測者，他即將受到連續幾次強度不同的電擊。每次電擊後，受測者就以1到100喊出疼痛感，1代表無感，100代表痛死了。接著，研究人員發射二十次電擊，仔細記錄受測者喊出的疼痛感。

稍微休息後，蘭澤塔宣布第二階段的電擊，但這次他要求受測者盡量掩飾感覺，裝出堅強的一面，壓抑任何表情，避免喊叫，姿勢放輕鬆。接著又做了二十次電擊，每次電擊後，受測者也是喊出疼痛感。

實驗結果相當驚人，當受測者裝得若無其事時，疼痛感小很多。不僅如此，汗水感測器也顯示他們的確沒那麼緊張。這個實驗後來重複了很多次，每次都得到一樣的結果。

這個結果乍看之下有悖常理，卻可以解釋為什麼中國的孩子接受扁桃腺切除術時，看起來若無其事。布朗造訪中國時，中國人教導孩子以正面的觀點看待手術，所以他們通常笑瞇瞇的，輕鬆面對手術。

這個實驗結果也可以用來說明一些有趣的疼痛現象。例如，患者接受小手術時，不看傷口或注射點，疼痛感較低。那樣做比較不會露出痛苦的表情或繃緊肌肉，所以比較不會感到疼痛。同樣的道理也可以用來解釋轉移注意法，例如，以意象法、催眠法、放鬆法等方式減輕疼痛。只要表現出若無其事的樣子，就可以減少疼痛感。

　　研究人員受到這種效應的啟發，開始研究表現出強而有力的感覺是否也能減少疼痛感。多倫多大學的凡妮莎，伯恩斯（Vanessa Bohns）和同事告訴一群自願的受測者，他們參加的實驗是探討工作上的運動對健康的效益。他們請一些受測者挺胸吸氣、撐開手臂，擺出強勢的姿態；請另一些受測者以有氣無力的方式縮起身體。接著，研究人員在每位受測者的手臂上綁上止血帶，慢慢充氣纏緊。止血帶會讓手臂的血流逐漸減少，感覺愈來愈痛，他們叫受測者受不了疼痛時就說出來，結果發現剛剛擺出強勢姿態的人可以忍受較緊的止血帶。表現出強大的樣子，可以幫人趕走討厭的情緒，可見大家常講的加油用語「別洩氣」真的有字面上的實質效果。

　　早期有關「裝假成真」原理與疼痛感的實驗結果，促使研究人員進一步探討：同樣的概念是否也可以用來減少其他討厭的情緒，例如，讓憤怒的人冷靜下來？

憤怒和引發憤怒的舉動

　　生氣對身體不好，常讓人做出傻事，不理性地冒險，脫口說出很快就會後悔的話，或進一步施展暴力（美國絕大多數的兇殺

案，至少有部分原因是在一氣之下造成的）。生氣也對你周遭的人不好，心理學家馬汀・塞利格曼（Martin Seligman）追蹤研究四百名兒童長達五年，研究顯示，父母經常爭吵的家庭，孩子長大後比較可能罹患憂鬱症。

所以我們該如何有效控制內心的憤怒呢？為此，我們回到十九世紀，了解某位全球知名的心理學家是怎麼做的。

後人稱夏科（Jean-Martin Charcot）是「神經界的拿破崙」。這位十九世紀的法國臨床醫生也是魅力十足的演講者，擅長戲劇性的演講方式。他為現代神經學奠定了基礎，有十五種以上的疾病是以他的名字命名。他率先展開突破性的研究，探索多發性硬化症和帕金森氏症的起因。除了這些卓越的成就以外，夏科最廣為人知的貢獻是對潛意識的探索。

夏科對大腦的奧祕相當好奇，為了進一步研究，他常和巴黎精神病院的患者合作，對潛意識展開奇怪的探索，很多實驗都是他為其他醫生講課時進行的。一八八七年，法國藝術家安德列・布胡葉（André Broulliet）聽了幾堂夏科的課，畫出他上課的樣子。在那幅畫中，夏科站在右邊，穿著精明幹練的黑西裝。圖的左邊約有三十人，聚精會神地聽課及抄筆記，而夏科的左臂則攬著一位不省人事的女子。

布胡葉那幅畫中的女子，是跟夏科合作的表演者中最有名的一位，名叫布藍琪・威特曼（Blanche Wittmann），當時的史學家對她的描述是「胸部豐滿、身材壯碩」。威特曼在幾次精神病發後，被送進精神病院。經常小便失禁，她坦言自己曾和雇主發生性關係。夏科上課時會催眠威特曼，接著要求她做出一些奇怪

的舉動：進入精神緊張的狀態、擺出奇怪的弓形姿勢（以頭頂和腳尖保持平衡）、倒著寫左右相反的字、在皮膚上畫出特定字眼。夏科聲稱那些現象反映出威特曼的潛意識，可用來探索大腦最深處的運作。每堂課結束時，夏科會按壓威特曼的骨盆區，讓她從催眠中醒來，這時她會瞳孔「大張」回到現實世界。

夏科探索人類心理的戲劇性方法很快就成了熱門話題，歐洲各地的學者紛紛前來聽他講課，看他做奇怪的示範。一八八五年，二十九歲的奧地利精神科醫師佛洛伊德看了一次夏科現場示範。在這之前，佛洛伊德原本想投身醫學，還做了許多實驗，解剖幾百條鰻魚，以尋找牠們的生殖器官，但是沒有成功。他看到夏科催眠幾位年輕的女病患後，相信潛意識是造成許多心理問題的關鍵因素。

佛洛伊德嗑了大量的古柯鹼，隨時隨地叼著雪茄。他後來創立了一種全新的心理學流派：精神分析法。他主張，人們通常會從意識中摒除討厭的想法，把那些想法排擠到潛意識中，當那些想法進入潛意識後，開始醞釀、累積精神能量，等到累積夠多的心理力量後，這些想法就開始以各種不健康的方式影響意識，讓人產生不安、精神官能症或焦慮症。

佛洛伊德認為，在那些壓抑的想法爆發之前，趕緊把它們釋放出來，有助於心理健康。所以他嘗試發明一些治療方法，幫人們排解潛意識壓抑的想法。他一開始是效法夏科的方式，試著催眠病人，但沒什麼效果，他馬上放棄了那種方法，開始探索其他方式，包括解夢法（治療師揭開病人夢境的象徵意義）和自由聯想法（治療師說出仔細挑選的刺激字眼後，例如：「椅子」、

「桌子」、「性高潮」等,病人接著說出當下腦中第一個浮現的詞彙)。佛洛伊德把這些方法應用到自己的潛意識上,進而推論他在兩歲左右對自己的母親產生了性衝動。

佛洛伊德的觀點迅速流行起來。十九世紀末,精神分析法開始傳遍世界各地。一九〇九年,他受邀到麻州的克拉克大學展開一系列知名的講座。那是他第一次、也是唯一一次在美國演講,他利用那次機會說明了他熱愛的心理分析學。

佛洛伊德訪美時,詹姆斯已六十七歲,罹患嚴重的心臟病。儘管身體欠佳,他還是特地前往克拉克大學聆聽佛洛伊德的講座。但是聽完以後,他對佛洛伊德的理論不以為然,後來他說佛洛伊德的解夢法是「危險的方法」,覺得佛洛伊德不僅受到迷惑,也「對某些觀點執迷不悟」。

詹姆斯和佛洛伊德對很多議題的看法都截然不同。例如,過度憤怒的起因和治療方法。佛洛伊德認為,人們生氣是因為壓抑暴力的想法,所以用安全的方式釋放這些感受(例如,砸枕頭、大喊大叫、跺腳等等)是很好的紓解方式。相反地,詹姆斯認為,人們生氣是因為表現出生氣的樣子,佛洛伊德的紓解治療只會讓人更加生氣。多年來心理學家展開研究,試圖找出究竟哪位大師是對的。

新罕布夏大學的社會學家梅理·史托勞斯(Murray Straus)率先探索這個爭論。一九七〇年代初期,史托勞斯看到苦於維繫婚姻的夫妻去找顧問時,顧問提供過度偏向佛洛伊德學派的建議,令他憂心忡忡。那些建議大多是來自「攻擊治療法」(Therapeutic Aggression movement),那種方法建議夫妻應該對

彼此透露自己的想法，不該有所保留。當時的指導手冊鼓勵夫妻「盡量抒發壓抑已久的怨氣」、「和盤托出」，鼓勵他們咬塑膠奶瓶，並把奶瓶想像成自己的伴侶。

史托勞斯想知道這種激進的方式究竟能夠幫忙維繫婚姻，還是有礙夫妻感情，因此，他做了一個簡單的研究。他認為，如果紓解法有效，那些言語相互攻擊的夫妻應該比較不會有肢體暴力。他也知道夫妻可能不會據實透露自己的攻擊行為，所以他找來一些學生，讓他們祕密觀察自己父母的言語攻擊及肢體攻擊狀況。三百多位學生仔細完成了問卷，回答父母面對問題時的反應，例如，他們通常是以建設性的方式討論議題嗎？他們會惡言相向，甚至大吼大叫衝出房間嗎？他們會暴力攻擊，互扔東西或毆打對方嗎？

史托勞斯分析調查結果，發現一個明顯的現象：夫妻間愈是惡言相向，愈有可能演變成肢體暴力。正如詹姆斯的預測，大吼大叫並非紓解之道，反而會使人更加憤怒。所以這一輪比賽，佛洛伊德落敗，詹姆斯獲勝，比數是0：1。

接著是職場上的研究。加州大學聖地牙哥分校的艾博・埃布森（Ebbe Ebbesen）和同事發現，當地一家工程公司即將大規模裁員。員工當然相當憤怒，因為資方簽署了三年合約，卻在第一年就解僱他們。埃布森用兩種方式採訪員工，一種是鼓勵員工發表對公司的憤怒（「你對自己受到的對待有何感想？」），另一種是問比較中性的問題（「你可以描述一下公司的工程資料庫嗎？」）。採訪完後，他們請兩組員工評估對公司的恨意。剛剛咆哮抱怨過的人是否對公司的敵意較少呢？並沒有。這次依舊是

出現相反的結果，剛剛抒發怒氣的員工對公司的不滿又更強烈了。這一輪，詹姆斯又勝了，兩人的比數是0：2。

最後，有個實驗是研究敵意和觀賞體育賽事之間的關係。一般人去看球賽時，往往會為自己支持的隊伍加油，並大聲詛咒對方的隊伍。佛洛伊德學派認為，那種叫囂的行為有紓解效果，所以球賽結束後，球迷的敵意會大幅減少。相反的，詹姆斯學派認為，那些大吼大叫會讓人更加憤怒。天普大學的傑弗瑞·戈德斯坦（Jeffrey Goldstein）決定探索究竟哪一方的論述正確。

戈德斯坦安排一批研究人員去看一場大型的美式足球賽。比賽開始前，研究人員在體育館門前隨機採訪一些觀眾。採訪很簡短，只問觀眾支持哪個球隊，感覺自己的攻擊性多強？比賽結束後，研究人員又站到門口，隨機採訪離場的觀眾。

結果顯示，無論比賽輸贏，觀眾在看完球賽後都覺得攻擊性增強了。戈德斯坦擔心觀眾感到攻擊性增強可能是因為身處在人群中，或是看了激烈比賽的緣故，所以他又請實驗團隊去當地的體操比賽中進行同樣的訪問。觀眾雖然也是群體觀看競爭激烈的比賽，但是並未大聲叫囂，比賽結束後也沒感覺攻擊性增強了。戈德斯坦的實驗顯示，美式足球賽鼓勵觀眾展現類似攻擊的行為，那行為讓他們的敵意增加。這一輪，詹姆斯又勝了，兩人的比數是0：3。

那種誘導出來的敵意對社會有重要的影響。蘇格蘭格拉斯哥市有兩個職業足球隊的俱樂部，凱爾特俱樂部位於城市東邊，向來受到天主教社群的支持；蘭傑斯俱樂部位於城市的西南邊，向來受到新教徒的支持。這兩個俱樂部長期以來誓不兩立，支持者

經常在比賽時互喊辱罵性的口號。二○一一年，蘇格蘭警方找來研究人員，比較兩隊賽後及兩隊沒比賽時的犯罪率。結果顯示，兩隊在周六中午比賽時，格拉斯哥的暴力犯罪數幾乎是平常的三倍，家暴案件也比平常多了兩倍。

冷靜的力量

愛荷華州立大學的心理學家布萊德‧布胥曼（Brad Bushman）做了許多實驗，證明表現出冷靜的樣子可以迅速讓人消除怒氣。例如，在一項研究中，布胥曼讓大學生花二十分鐘玩一種輕鬆或暴力的電動玩具。在輕鬆的遊戲中，學生是在安靜的海底世界裡尋找寶藏；在暴力遊戲中，學生必須盡量以血腥的方式打退殭屍。接著，他們叫學生玩另一個遊戲，對抗看不見的對手，如果贏了，他們可以用噪音轟炸對方。實際上根本沒有看不見的對手，學生一定會在第二場遊戲中獲勝。剛剛靜靜玩海底遊戲的人攻擊性明顯較小，選擇比較小聲及短暫的噪音轟炸想像的對手。

布胥曼也證明了祈禱有讓人平靜下來的力量。他給一群信仰基督教的大學生很糟的作業分數，故意激怒他們，接著讓學生讀一篇新聞報導，報導是描述一位女性罹患罕見的癌症。然後，他叫一些學生花五分鐘，雙手合十為那位女性祈禱。結果發現，禱告過的人比較沒那麼生氣。可見表現出放鬆、平靜的樣子能夠讓人心平氣和。

我在上一本書《59秒的練習，靠表情、姿勢和小動作，輕鬆翻轉工作與人生》裡提過，布胥曼用同樣的方法激怒另一批學

生。接著，他給一些學生拳擊手套，讓他們看一張照片，騙他們就是那個人把他們的報告成績打得很差，叫他們在打七十磅的沙袋時，心裡想著那個人。他叫另一組學生在安靜的房間裡坐兩分鐘。研究結果明顯推翻了佛洛伊德的理論，打沙袋讓人變得更加憤怒，靜坐則讓人冷靜下來。

很多憤怒管理課程主張，表現出攻擊行為可以排解內心的怒氣。那樣做不僅毫無助益，可能還會讓問題惡化。還有一些方法是教人找出憤怒的心理根源，希望藉由改變思維的方式來改變感受。實務上，有一種更快、更有效的方法可以解決問題。想平靜下來，就表現出平靜的樣子（參見下頁）。就像微笑能讓你開心，凝視別人的眼睛能讓你感覺愛上對方一樣，表現出平靜也能讓你迅速平靜下來。

平心靜氣法

　　需要迅速有效控制怒氣的人，通常可以用深呼吸法達到效果。試試以下的做法：把舌頭頂住上顎，用鼻子慢慢吸氣，從一默數到五，然後屏住呼吸，從一默數到七。接著噘起的嘴唇把氣慢慢呼出，同時從一默數到八。重複以上的步驟四遍。

　　另一個更長效的方法是「漸進式肌肉放鬆法」。這個方法需要故意繃緊身體多處的肌肉，然後慢慢地放鬆。

　　方法如下：脫鞋，解開緊身衣物，在安靜的房間裡以舒服的姿勢坐下來。把注意力集中在右腳，輕輕吸氣，將腳部肌肉盡量繃緊五秒鐘。接著，呼氣，放鬆緊繃的肌肉，讓肌肉變鬆軟。然後，按照以下順序訓練全身各部位的肌肉。

1. 右腳
2. 右小腿
3. 整隻右腿
4. 左腳
5. 左小腿
6. 整隻左腿
7. 右手
8. 右前臂
9. 整隻右臂
10. 左手
11. 左前臂
12. 整隻左臂
13. 腹部
14. 胸部
15. 脖子和肩膀
16. 臉部

註：這裡說明的練習是心理學家常用的技巧，如果你覺得自己有怒氣管理上的問題，請諮詢專業人士。

制約反應：一搖鈴就流口水

約翰・華生（John B. Watson）改變了整個心理學的發展，也影響了我們現在對人類心理的理解。二十世紀初，他在約翰霍普金斯大學任職，不論以什麼標準來看，他都是個奇怪又複雜的人。表面上看來，他外向又有自信，但內心充滿不安、怕黑、性情冷淡、不善交際，連跟自己的孩子睡前互道晚安時，都是用握手的方式，而非親吻他們。每當有人想討論他的情感問題時，他就會離開房間。

他堅決駁斥馮特的內省法和佛洛伊德的精神分析法，主張我們不可能確切知道人的大腦裡在想什麼，他認為心理學家應該把注意力拿來關注及衡量行為。（因此有人開玩笑說，兩位行為主義者做愛時，一人問另一人：「你看起來很舒服，我看起來如何？」）

華生喜歡讓老鼠跑迷宮。他早期研究時，製作了一個仿照倫敦漢普頓宮的迷你中世紀迷宮。他一次放一隻飢餓的老鼠進去，觀察老鼠如何在迷宮中找出擺放食物的地方。對數百隻老鼠做了這種真實版的「誰搬走了我的乳酪？」實驗後，他發現了老鼠學習的基本原則，包括老鼠如何探索迷宮；當食物移開後，牠們會繼續造訪同一處多久。

華生後來相信，他的實驗結果也適用在人類身上（其實人的一生就像一個大迷宮）。更具爭議性的是，他認為把迷宮實驗中發現的老鼠學習原則套用在人類身上，就能塑造人類的思想。他曾經提出以下的知名見解：

給我十幾個發育正常的健康嬰兒，讓我照自己的方式養育他們長大，我保證不論那些嬰兒的家長有何天分、秉性、傾向、能力、職業和種族，我都可以把任一個嬰兒栽培成我想要的任何專家——不管是醫生、律師、藝術家、大商人，甚至是乞丐和小偷。

華生把焦點全放在行為上，這種做法迅速流行了起來。不久，世界各地的研究人員開始讓老鼠跑愈來愈複雜的迷宮，有人因此評論：「心理學研究先是癡迷達爾文理論，現在又一窩蜂地追隨華生的論點。」

行為主義者開始把研究範圍擴充到學習規則外，進入心理學的其他領域。華生對恐懼症的原因和治療特別感興趣，他和很多的行為主義者一樣，想針對佛洛伊德主張的偽科學學說提出另一套主張。

佛洛伊德鼓勵支持者偷偷觀察家中幼兒的性生活，以協助發展精神分析學的理論。一九〇四年，他最親近的同事向他報告，他五歲的兒子（以「小漢斯」為代稱）對馬匹有不明的恐懼，他覺得那也許是有趣的研究案例。佛洛伊德同意他的看法，開始研究讓小漢斯恐懼的原因。漢斯的父親一開始覺得，孩子的恐懼是因為母親抱他時產生過度的性興奮，再加上小漢斯被馬的巨大生殖器嚇到了。佛洛伊德不認同那說法，他說小漢斯提到他做過長頸鹿的夢，長頸鹿的長脖子是成年男性生殖器的象徵。經過反覆的討論後，佛洛伊德在〈五歲男孩的恐懼症分析〉（*Analysis of a Phobia in a five-year-old son*）一文中闡述他的想法，他認為小

漢斯的恐懼是多種因素造成的，包括壓抑想和母親做愛的性欲，以及對手淫的矛盾想法。

華生對於佛洛伊德如此臆測小漢斯的內在情緒波動，深感震驚，決心為恐懼症提出更切合實際的解釋。

華生的研究方法深受蘇聯研究者伊凡・巴甫諾夫（Ivan Pavlov）的影響。在華生開始叫老鼠跑迷宮之前，巴甫諾夫早他幾年觀察鈴聲對狗的影響。他做了一系列如今已成經典的研究。他先搖鈴，然後給狗一碗食物，狗果然在看到食物時就開始分泌唾液。這種搖鈴給食的試驗做了幾次以後，巴甫諾夫發現，後來只要搖鈴就能讓狗分泌唾液了，可見大腦很善於學習事物之間的關連性（專業術語稱為「古典制約」）。

巴甫諾夫這個簡單但重要的發現，促成了很多實際的應用。例如，在一項研究中，動物研究者在死羊身上塗了一些讓土狼嘔吐的毒藥，把死羊放在野外，那些狼吃下塗上毒藥的羊後不停嘔吐，以後狼再看到羊時都會感到噁心，日後當地土狼襲擊羊的事件就大幅減少了。

華生想知道，同樣的原理是否也可以用來解釋恐懼症。他認為，恐懼反應可能只是某物件或情況和某個令人害怕的刺激連結在一起的結果。

為了找出答案，華生仿效佛洛伊德的方法，對一位毫無戒心的小孩進行研究。一九一九年，他和學生羅莎莉・雷納（Rosalie Rayner）對一位十一個月大的小男孩做實驗（實驗的代稱是艾伯B）。華生推測，如果他們能讓艾伯表現出害怕某物的樣子，他很快就會對那個東西產生制約反應，對它產生恐懼。也許華生受

到迷宮實驗的影響，他決定讓艾伯害怕老鼠。

實驗開始前，他必須先確定艾伯本來不怕老鼠，所以他讓艾伯看了很多種老鼠，以及像老鼠那樣毛茸茸的東西，例如：兔子、猴子、絨毛面具，艾伯一點都不怕那些東西。接著，研究人員想讓艾伯把老鼠和其他令他恐懼的東西聯想在一起。華生知道，嬰兒聽到巨大聲響時通常會嚇一跳，所以他去買了一大根的鋼條和榔頭。

接著，華生和雷納把一隻白老鼠放在艾伯附近，每次艾伯去摸那隻老鼠時，他們就用榔頭大聲敲鋼條。結果一如預期，那巨響使艾伯哭了起來。做了幾次「老鼠→巨響」的測試後，華生不再搥打鋼條，直接讓艾伯看老鼠。結果就像巴甫諾夫的狗一聽到鈴聲就分泌唾液一樣，現在艾伯光是看到老鼠就很害怕，華生的確創造了恐懼症。

兩個月後，華生和雷納又去造訪艾伯，發現他還是怕看到老鼠。不僅如此，那恐懼還延伸到其他毛茸茸的東西，例如，狗、毛皮大衣、戴著聖誕老人面具的華生。

同樣的原理是否能解釋小漢斯對馬的恐懼？小漢斯的父親提到小漢斯的恐懼，他說一開始小漢斯是在公園裡看到拖貨車的馬跌倒，被馬蹄撞擊鵝卵石路面的聲音嚇了一跳。小漢斯的恐懼跟壓抑對母親的性欲毫無關係，也跟手淫的矛盾想法無關，那不過是對害怕的情境產生了制約反應罷了。

我們不知道日後艾伯發生了什麼事，不過華生曾開玩笑說，當他長大以後，佛洛伊德學派的分析師可能會設法說服他，他對毛的恐懼是源自於三歲時把玩母親的陰毛被斥責的結果。相反

的，我們知道很多小漢斯成年以後的情況。小漢斯其實是賀柏‧葛拉夫（Herbert Graf）的假名，長大以後成了成功的戲劇製作人，最有名的作品是創新改編華格納的《尼布隆根指環》（*The Ring of the Nibelung*）。

艾伯的實驗對華生的人生有很大的影響。在研究的過程中，當時已婚的華生和共同實驗者雷納發生了婚外情。華生的妻子得知後，訴請離婚。約翰霍普金斯大學的校長知道婚外情的事件以後，也要求華生辭職。華生離開學術界，去一家大型廣告公司上班，運用他對人類行為學的了解，幫忙銷售止汗劑、嬰兒爽身粉、香菸。他最有名的廣告案例，是幫麥斯威爾咖啡把「咖啡休息時間」（coffee break）的概念引入美國人的生活。

心理學家了解恐懼症的成因後，他們很快就對心理問題有了更深的了解，後來發現根除問題其實很簡單。

循序漸進根除恐懼

最有效根除恐懼症的方法，是南非精神科醫生約瑟夫‧沃爾普（Joseph Wolpe）發明的，名叫系統減敏法（systematic desensitization）（參見127頁）。這種方法是先訓練人放輕鬆，接著叫他們建立一套「焦慮階層表」，依序排出不是很怕到非常害怕的情境。例如，假設某人很怕蛇，他的焦慮階層表可能一端是他打開書，看到蛇的圖片；另一端是去見房地產仲介。在第一個階段，先請他放鬆下來，然後體驗（或想像）不是那麼可怕的情形。表現出不怕的樣子以後，那個情況很快就不會和焦慮感產生關連了，接著再面對焦慮階層表中的下一個害怕情況。

全球約有10%的人有不同類型的恐懼症，約有1%的人有嚴重的恐懼症，對生活造成極大的影響。他們可能害怕開放空間、丟臉、血液，甚至是數字13。他們通常會找心理治療師發掘恐懼的內在根源，那其實是在浪費時間。從害怕蛇到蜘蛛、從害怕飛行到公共演講，有一種讓人更快克服恐懼的方法。只要逐步改變行為，就可以逐漸改變心理。

克服恐懼症

讓人克服恐懼症的方法通常包含三個步驟：

學會放鬆：參閱119頁的「平心靜氣法」練習。

建立焦慮階層表：寫下使你焦慮和恐懼的十件事情。接著以0到100評估每件事情讓你焦慮的程度（0代表很低，100代表很高）。例如，如果你害怕搭機，你的焦慮階層表可能是：打包行李、預訂假期、開車到機場、機場報到、登機、飛機在跑道上滑行、飛機升到高空、在機艙裡走動、遭遇亂流、飛機降落、飛機失事。

搭配程序：放鬆下來，盡可能花時間體驗焦慮階層表的第一項事件（如果無法實際體驗，就用想像的方式）。體驗或想像過後，以0～100評估自己的焦慮程度。重複這個程序，直到你把焦慮指數降到10以下。之後，開始體驗焦慮階層表的下一項。每次練習持續約三十分鐘。

註：這個練習大致說明心理學家常用的方式，如果你有嚴重的恐懼症，請諮詢專業人士。

按下「恐慌」鍵

約5%的人曾經歷過恐慌症發作，那症狀非常明顯，也相當難受。突如其來感到胸悶、出汗、呼吸急促，頭暈目眩。這時，他們往往以為自己瘋了或快死了。恐慌症發作時通常維持十分鐘，一小時後完全消失。

很多醫生和心理分析家曾以藥物或聊童年記憶的方式來治療恐慌症。其實恐慌症的起因有簡單的解釋，也有迅速有效的解決方法。

我在前一章提到沙其特的研究。沙其特證明，感受一種情緒往往涉及兩個步驟。首先，一個事件或想法讓你的身體開始行動，也許你聽到槍聲，手心突然冒汗；或是在派對上瞥見有魅力的陌生人，突然心跳加速。第二，你環視四周，判斷是什麼原因導致身體如此反應。如果你是在街上聽到槍聲，你會感到焦慮；如果你是在遊樂場經過射擊攤位時聽到槍聲，你覺得那還好。同樣的，如果你覺得派對上的那個人也覺你有魅力，你會很興奮；但是如果你發現他是深情注視你後方的人時，你會覺得有點尷尬。

一九九〇年代，牛津大學的心理學家大衛‧克拉克（David Clark）把沙其特的理論應用在恐慌症上。克拉克覺得恐慌症發作，是因為人們以嚴重的方式錯誤解讀身體感知。根據這個論點，容易恐慌症發作的人一感到心跳加速、手心冒汗，就做最壞的打算。他們以為自己心臟病發作快死了，於是變得更加緊張，心臟跳得更快，手心冒汗更多，如此惡性循環下去，最後就進入了極度恐慌的狀態。

克拉克認為，治癒這種恐慌症不需要藥物，也不需要聊童年記憶，只要讓人放鬆，或鼓勵他以正面的方式來解讀身體的感知，一開始就避免恐慌惡化。

克拉克為了證明他的論點，找來一群容易爆發恐慌症的病人，教他們以新的方式看待自己。他告訴病人，感到心跳加速或突然喘不過氣來時，不應該恐慌，那只是身體稍感焦慮的證據。有些人擔心恐慌症發作時會暈倒，即使這種事從未發生過。克拉克解釋，那感覺是因為血液從大腦流向主要肌肉群，導致血壓升高，反而比較不可能暈倒，他以這種解釋來舒緩他們的恐懼。

克拉克的方法收到了顯著的效果。研究顯示，讓人重新解讀身體感知，比放鬆治療或藥物更有效。

同樣的方法也可以用來治療對考試、面試、演講、上醫院過度焦慮的人。這些人在了解為什麼身體有時候會過度興奮，如何以比較正面的方式解讀這些感覺後（考前緊張有助於集中注意力、腎上腺素分泌可讓面試或演講的表現更好、上醫院前感到緊張是人之常情），情況都有大幅的改善。

了解身體創造情緒的方式後，許多迅速有效排解憤怒、恐懼症、恐慌症、焦慮症的方法應運而生。但是同樣的方式是否也能用來治療最普遍的心理問題「憂鬱症」呢？

擺脫罪惡感

　　下一頁是我祖父威廉·韋斯曼的照片，請你撕下那一頁，盡量惡搞沒關係。你可以在他的頭上畫上惡魔角，或幫他畫上大鬍子，或是寫下惡毒的話。你也可以扯下他的頭或戳他的眼睛，現在就動手吧！

完成了嗎？我來說一下我祖父的故事。

他住在盧頓市，做帽子生意，一輩子致力為多家慈善機構募款，特別關心無家可歸的人及失業者。每個耶誕節他都會到醫院和孤兒院，送禮物給貧窮的孩子。其中一個孩子喬治‧康尼罕（George Cunningham）後來成了知名的雕塑家，為我祖父做了一個半身像，以感謝他的慷慨大方。這座半身像目前放在我祖父的家中，讓我們永遠懷念他對社會的貢獻。

現在，看看你對我祖父的照片做了什麼好事！坦白講，我希望你為自己的行為感到羞愧。不過，別擔心，因為「裝假成真」原理可以幫你減輕罪惡感。

普利茅斯大學的席夢‧史奈爾（Simone Schnall）知道不道德的行為常讓人自我嫌惡，但她想知道嫌惡的表情會不會讓人覺得那行為更不道德。為了找出答案，史奈爾和同事準備了一些可議的情境描述及一罐臭味劑。

史奈爾的實驗是在一條大馬路邊進行，靠近垃圾桶。研究人員攔下路人，請他們讀一些描寫不當行為的短文（例如：近親通婚；某男子開車撞死狗，然後吃狗肉；某男子對自己的貓產生性欲），然後請他們評估這些情境的道德指數。在實驗之前，研究人員有時會在垃圾桶上噴大量的臭味劑，有時不噴。聞到臭味的人會做出嫌惡的表情，通常也覺得剛讀到的短文情境比較不道德。

受到這個實驗的啟發，其他的研究人員讓受測者回憶自己不

道德的行為，然後用消毒濕巾擦手，接著評估自己的內疚程度，並回答願不願意投身公益活動。擦洗雙手的動作讓他們明顯不再那麼內疚。

　　所以，如果你想消除對我祖父照片不敬所產生的小小罪惡感，那就去洗手吧，讓「裝假成真」原理幫你洗刷罪惡。當你有更強烈的罪惡感時，就去沖個澡吧。

用行為對抗憂鬱

憂鬱者的行為通常是逃避或閃躲，不幸的是，這些做法都有意想不到的負面後果。躺在床上及暴飲暴食會讓人發胖，而更加厭惡自己；睡眠過量或沉迷於電視會引來另一半的批評；迴避朋友會減少受邀機會，增加孤立感。為了擺脫這種惡性循環，心理學家發明「行為激發」法來改善憂鬱症狀。

聖經記載，掃羅王並不快樂。他之所以當選以色列王，純粹是因為身高過人（「他站在百姓中間，身體比所有人高一個頭。」）。他後來捲入多起戰爭，非常情緒化。後來一位名叫大衛的年輕音樂家被召入宮裡，為他演奏豎琴，大大抒解了他的壞脾氣。大衛多才多藝，後來殺死歌利亞巨人，擊退非利士人。這些功績反而引起掃羅王的嫉妒，他後來下令用標槍射殺大衛。

以色列本古里昂大學的留伯夫・本農（Liubov Ben-Noun）仔細分析聖經中對掃羅王的描述，試圖以現代精神科的標準來診斷他的心理問題。本農排除藥物引發的情緒失調（聖經裡沒提到掃羅王服藥）及精神分裂症（掃羅王是聖經中少數沒有幻聽現象的人）後，推論掃羅王可能罹患嚴重的憂鬱症。荷蘭格羅寧根大學醫學中心的馬丁・惠斯曼（Martijn Huisman）後來發表一篇論文指出，這種心理失調現象可能源自於工作壓力，部分歸因於他的軍隊只有三千人，卻要面對非利士的大軍。據聖經記載，非利士人「有車三萬輛、騎士六千、步兵像海邊的沙那樣多。」

現代流行病學顯示，憂鬱症並非只有聖經裡才看得到。在多數的西方國家中，每二十人就有一人曾罹患憂鬱症。有些研究指出，女性罹患憂鬱症的人數是男性的兩倍。

　　憂鬱症的症狀包括無助感、很難起床、避免和人接觸、食慾驟減或暴增、注意力難以集中、失眠。有些臨床醫師在解釋憂鬱症是什麼感覺時，他們說你可以想像「痛苦悲傷再加上時差給人的遲緩怠惰感」。每個人偶爾都有難過的時候，不過罹患憂鬱症的人是長期陷入那種狀況，所以對他們的生活產生嚴重的破壞效果。有時憂鬱是對負面事件的反應（例如，遭到裁員或痛失愛人），有時則是毫無緣由地陷入憂鬱。關於憂鬱的成因和治療方法，目前仍有激烈的爭論。不過，多數的醫生、心理學家、精神治療師原本以為，想治療憂鬱要先改變人類大腦中的東西。

　　一九四〇年代，美國的心理學家瓦特‧弗里曼（Walter Freeman）認為人之所以憂鬱，是因為人腦前面和中央的神經訊號傳輸出了問題。於是他發明了一種奇怪的治療方法，切斷大腦這兩部分之間的溝通路徑。手術中，他先以電擊方式讓病人失去知覺。接著，他把「腦白質切斷器」（冰鎬狀工具）的尾端穿過患者的淚腺，用手術錘敲打幾下後，腦白質切斷器會進入病患的額葉。接著，弗里曼會扭動腦白質切斷器，破壞大腦中出問題的部分。弗里曼在職業生涯中做了三千多次這種手術，有時把病人當生產線一樣，曾經一天對二十五位女性動大腦手術。

　　這種手術後來稱為「額葉切斷術」（frontal lobotomy），這個詞源自於希臘字lobos（意指大腦葉）和tomos（意指野蠻無用的廢話）。有些病患動完手術後情況好轉，但很多病患出現嚴重

的後遺症，例如，需要重新學習進食或喝水等基本能力。他最出名的失敗案例或許是美國總統甘迺迪的妹妹羅斯瑪麗。羅斯瑪麗的情緒常有劇烈波動，偶爾會出現暴力傾向，她在二十三歲時接受額葉切斷術，不幸術後喪失許多基本能力，學習困難，小便失禁，餘生都需要全天候的看護。

其他的醫生眼看破壞患者額葉的嚴重副作用，開始研究危害較小的治療方式。後來最流行的治療方法，就是抗憂鬱藥的出現。大腦中的電脈衝是透過神經元從一部分傳到另一部分，這些神經元以釋放血清素的方式和彼此溝通，每次溝通完後，血清素又會馬上被神經元再次吸收。一九六〇年代，科學家發現人腦中的血清素濃度高時，心情也比較好，所以他們發明藥物，阻止神經元再次吸收血清素，希望能藉此治療憂鬱症。雖然這類藥物的療效及潛在副作用仍多所爭議，很多研究人員聲稱這種藥物可以減輕憂鬱症，也是目前最流行的治療方式。

心理學家不願意把鎬狀物體插入人腦內，也不想讓病人服用大量的藥物，所以研究出改變思維的其他方法。

歸因作用：想法影響做法？

想像你去參加考試，結果成績很差，通常你會如何解讀這次考不好的原因？一般人會提出許多不同的答案，有些人會說自己複習不夠，有些人會說自己運氣不好，讀過的問題都沒出。心理學家認為，從答案中可以看出一個人的性格，他們通常會以三種不同方式評估回應。

首先，你是否自責？如果你覺得考不好是因為你不夠聰明或

複習不夠，你就是在自責。相反的，如果你覺得自己運氣不好，剛好碰到的問題都不會，則是怪罪外部因素。

第二是永久性問題。你的回答意指你未來的考試都會失利嗎？覺得自己不夠聰明，表示你覺得未來也不會考好。若是回答覺得這次運氣不好，則表示你並不認為未來也考不好。

第三是你的回答中透露出生活其他面向的哪些資訊？如果你覺得自己不夠聰明或特別懶，你可能在工作上或酒吧遊戲中也表現不佳。如果你覺得考不好是運氣不好，那對你的事業或其他方面不會有任何影響。

憂鬱者碰到問題時，通常會歸因於自己，導致他們預期未來可能會再度失敗，也影響到生活的其他面向。相反的，不憂鬱的人比較不會歸因於自己的弱點，他們預期未來是光明的，避免失敗影響生活的其他面向。

心理治療師在治療憂鬱症時，往往會鼓勵病人了解自己如何解讀生活中的事件，並改變解讀的方式。這種技巧是「認知治療」（Cognitive Therapy，簡稱CT）的核心，這種方法也教病患找出其他有問題的思考方式，例如，心靈感應（對他人的想法妄下斷語）、災難化（大驚小怪、小題大做）、混沌不分（把個人想法和事實混為一談）。

研究人員做過許多研究，比較認知治療和藥物治療，結果發現這兩種方法在治療憂鬱上一樣有效。因此全世界的政府和醫療系統都採用了這種方法，鼓勵數百萬憂鬱症患者轉變思維。實驗不同療法多年後，看起來效果不錯。事實上，治療憂鬱症的方法不只這些而已。

從行為到記憶

我們來做個小實驗。

第一階段：

花點時間讓你的表情變成笑臉，把嘴角儘量往上揚，維持那個笑容。坐直或站直身子，挺起胸膛。接著看下面的三個字，針對每個字回憶一段相關的人生經歷。然後，為每段回憶寫下幾個詞，作為自我提醒。

樹	讓你想起記憶的詞彙
屋	讓你想起記憶的詞彙
貓	讓你想起記憶的詞彙

第二階段：

花點時間讓你的表情變成愁眉苦臉。把嘴角往下拉，維持那個表情。如果你是坐著，就彎腰駝背；如果是站著，就讓肩膀下垂。接著看下面的三個字，針對每個字回憶一段相關的人生經歷。然後，為每段回憶寫下幾個詞，作為自我提醒。

船　　讓你想起記憶的詞彙

_____

車　　讓你想起記憶的詞彙

_____

狗　　讓你想起記憶的詞彙

_____

第三階段：

　　想想你剛剛回憶的六件事，你覺得那些記憶是積極的，還是消極的？

　　這個研究最早是由克拉克大學的史奈爾和萊爾德一起做的。他們發現表情快樂時，通常會想起比較正面的回憶；表情難過時，通常會想起比較負面的回憶。

　　憂鬱的人往往會老是想著人生中不順遂的部分。這個實驗顯示，他們老是想起那些傷心事，可能有部分是行為造成的。你想回憶生命中美好的事物嗎？那就展露笑容，坐直身子，讓大腦來發揮吧。

做法改變想法

「裝假成真」原理認為行為促成了情緒，這也解釋了為什麼有些人難以控制怒氣，而有恐懼症或恐慌症。然而，相同的原理也可以解釋憂鬱症嗎？例如，憂鬱者早上難以下床是因為心情沮喪，但有沒有可能是因為在床上待太久，反而變得更加沮喪？如今有大量的研究證實，情況確實是如此。

「裝假成真」原理的早期研究，大多是把焦點放在臉部表情和情緒上，證明微笑可以讓人快樂，皺眉使人難過。不過，臨床心理學家發現表情和憂鬱之間也有類似的關係。例如，匹茲堡大學的傑西・凡・史衛林傑（Jessie Van Swearingen）找來一群顏面神經失調的病人，衡量每位病人能夠微笑的程度及憂鬱的程度。結果一如「裝假成真」原理的預期，表情愈僵硬的病患可能愈憂鬱。同樣的，皮膚科醫生艾瑞克・芬奇（Eric Finzi）也衡量肉毒桿菌注射是否會減少悲傷的表情，從而減輕憂鬱。在一個小範圍的試驗性實驗中，芬奇為九位憂鬱女性的皺眉紋注射肉毒桿菌，接著追蹤她們的生活。注射肉毒桿菌減少了她們皺眉的次數，但沒阻止她們做其他的表情。研究人員預測那樣做可以避免她們難過，幫忙消除負面情緒。結果證實他們預測的沒錯，注射肉毒桿菌才兩個月，九位女性都沒有出現憂鬱跡象。

其他研究是採取比較偏行為學的方式，例如觀察跳舞對憂鬱的影響。由於跳舞與沮喪難以共存，海德堡大學的科赫和同事就一起研究了跳舞對憂鬱的影響。科赫找來一群有憂鬱症的人，讓他們跟著輕快的音樂起舞。科赫擔心心情變好可能是因為音樂或身體移動的緣故，所以讓其他的受測者聽同樣的音樂，或花同樣

的時間騎健身腳踏車。結果這三組受測者在實驗後都覺得好多了，但是跳舞者的心情改善最多。

心理學家彼得・盧溫森（Peter Lewinsohn）想知道，改變憂鬱者的行為是否能幫助他們改變思維和感受。

憂鬱者的行為通常是逃避或閃躲。一般人碰到負面事件時（例如，裁員或失戀），他們會縮回自己的世界裡，避免承受更多的痛苦。這種退縮可能有多種形式，例如，早上難以下床、迴避朋友、大吃大喝、吸毒等等。此外，他們也可能沉浸在過往回憶中（「如果事情不是這樣就好了」），或是看連續劇及電視節目，迴避思考未來。不幸的是，這些做法都有意想不到的負面後果。躺在床上及暴飲暴食可能讓人發胖，而更加厭惡自己；睡眠過量或沉迷於電視可能引來另一半的批評；迴避朋友可能會減少受邀機會，增加孤立感。

為了擺脫這種惡性循環，盧溫森發明「行為激發」法。這種方法有多種治療方式，不過主要是包括兩個階段。

一開始是鼓勵憂鬱者找出有問題的行為，設定整體目標（參見下頁）。這可以幫他們了解自己哪些行為有憂鬱症狀並找出想要的目標。

行為激發：第一階段

　　首先，心理學家用下面的方法找出有問題的行為及設定整體目標。

1. 找出有問題的行為

　　完成以下的問卷

行為	是 / 否

行為	是	否
你迴避和朋友或家人見面嗎？	☐	☐
你停止參加喜歡的活動嗎（例如：運動、看電影、外食）？	☐	☐
你是否自暴自棄、隨便亂吃，也不管個人衛生了？	☐	☐
你在學校、大學或工作上不再積極表現了？	☐	☐
你是否沉溺於過去，不願思考未來？	☐	☐
你對孩子或另一半失去興趣了嗎？	☐	☐
你花很多時間看電視、打電動，或躺在床上？	☐	☐
你是否酗酒、暴飲暴食，或吸毒？	☐	☐

　　這些行為中，有哪些行為是你想改進的？

2. 列出想要的目標

　　看看下面列出的領域，找出一兩個你重視的領域，一兩個你

一直做不好的領域，接著回答和這些領域有關的問題：

感情關係：你想談戀愛或改善目前的感情嗎？你想擁有更多的朋友，或是改善和父母或另一半的關係嗎？

工作和教育：你想在大學裡好好表現或改善職場表現嗎？也許你想自己經營事業、升遷，或取得某個資格或訓練技能？

娛樂休閒：你想從休閒時間獲得更多樂趣嗎？你想多投入哪種運動、興趣和嗜好？

社區活動：你想為社區做出更多貢獻嗎？你想投入公益、志工活動，或參與某種社會運動？

身體健康：你想變得更健康嗎？也許你想減肥、增加運動，或吃得更健康？

註：這個練習大致說明心理學家常用的方式，如果你有嚴重的恐懼症，請諮詢專業人士。

行為激發的第二階段是鼓勵憂鬱者參與他們迴避的活動，朝想要的目標邁進（參見下一頁）。這個階段的重點是行為，而非想法。以前是問憂鬱者感覺如何，那種做法已經落伍了，現在的重點是放在他們打算如何改變行為。

　　在這個階段，需要列出一些具體的活動，這些活動久而久之會促成長期的行為改變。例如，如果你的整體目標是增加和人相處的時間，你的行動可能必須包括每周和朋友喝一次咖啡，每兩周和同事去看場電影。同樣的，如果你的整體目標是取得某個資格，你的行動可能必須包括：上網查詢課程、和老闆討論提早下班去上課。在這一階段，你可以用工作表來協助你激勵與追蹤這些行為改變。

行為激發：第二階段

1. 找出目標行為

　　回顧你剛剛列出想要迴避的行為，以及想達成的目標。針對每一點，列出一些具體的活動，幫你迴避前者，達成後者。

　　每項具體活動都應該促成些微的進步，朝目標確實邁進。如果你想減少賴在床上的時間，你需要在每個工作日早上九點以前起床，晚上十一點以後就寢；如果你想展開新戀情，你需要去交友網站註冊，告訴朋友你在積極尋找伴侶，或加入讀書會。

　　這些具體的活動都必須是可衡量的、實際的、有具體時間的。所以光寫下「更快樂」是不行的，因為那難以衡量，時間上也不具體，改成「每兩周讀一本新書」就好多了。

　　具體活動的條列範例：每天早上九點以前起床、每周參觀一個博物館或一間藝廊、每兩周打電話給父母、每周聯繫一個朋友、約朋友出來喝咖啡，每周寫小說五百字。

2. 訂定計畫

　　用下面的表格訂定一整周的每日計畫，記下你想完成的活動及完成的時間。

周一（日期：　　　　　）			
時間	計畫活動	實際活動	評估成效（1表示不成功，10表示很成功）
上午九點	起床並下床		
上午十點			
上午十一點	打電話給父母		
中午十二點	寫小說一百字		

　　周末時，回顧這個表格，檢討你達成哪些目標，沒達成哪些目標。把沒達成的目標移到下周的表格中。以下是一些實用的技巧：

- 不要一次改變行為的所有面向，先從小處著手，循序漸進。
- 別讓想法阻礙你的行為。如果你發現自己老是擔心失敗或是對自己沒信心，想一想就算了，繼續前進。
- 每個人偶爾都會失敗，所以萬一你無法達成所有的目

標，不必擔心。訂定另一個計畫表，再試一次。

- 一開始離開安適區可能很難，你可能很想告訴自己「等我感覺好一點再做」或「我等時機恰當時再做」，回到以前逃避現實的方式。千萬不要落入那樣的陷阱，不論你感覺如何或怎麼想，都要試著改變你的行為。

註：這個練習大致說明心理學家常用的方式，如果你有嚴重的恐懼症，請諮詢專業人士。

根據「裝假成真」原理，這種方式應該會有效果，但實際上真的如此嗎？

　　二〇〇六年，華盛頓大學的宋娜‧狄米珍（Sona Dimidjian）及同事做了一項引人注目的研究。她招募兩百位有嚴重憂鬱症的門診病患，把他們隨機分成四組。第一組服用名叫「安保抗憂」（paroxetine）的抗憂鬱藥物、第二組服用安慰劑、第三組接受認知治療、第四組採用行為激發。

　　之後，研究人員追蹤這些病患兩個月，觀察哪種治療方法最有效。結果顯示，對多數患有嚴重憂鬱症的病人來說，行為激發比認知療法更有效。更重要的是，研究顯示，行為激發的效果和服用安保抗憂的效果一樣顯著。

　　多年來，大量的研究一再證實同樣的結果。若要抒解憂鬱症，以藥物或認知治療來改變想法可能比較麻煩。相反的，改變行為的副作用較少，但一樣有效。

　　「裝假成真」原理不只可以製造快樂，營造愛情，還能幫人減少痛苦和折磨，讓數百萬人活得更好，更充實。

撕碎練習：第一部份

　　請在閱讀下一章之前先完成這個練習。首先，撕下下一頁，把它撕成二十片，每片的形狀和大小由你自己決定。

　　這個任務挺無聊的，可能會花你五分鐘的時間，你可以現在完成或等一下再做（下一章結束前，會再次提醒你）。

CHAPTER

4

行為改變意志力

- 了解為什麼獎勵常適得其反
- 發現激勵他人的方法
- 克服拖延症
- 戒菸與減重

「我禱告了二十年，始終毫無回應；直到我起身實踐，才應驗了我的祈禱。」
——弗雷德里克・道格拉斯（Frederick Douglass，美國廢奴主義領袖）

獎勵無效論

**小孩子如果表現良好，父母通常會給予獎勵，希望良好行為
能夠持續。然而研究顯示，提供獎勵只有短期效果，獎勵一
旦沒了，大家的良好表現通常也會跟著消失得無影無蹤。**

　　長久以來，心理學家一直想揭開動機之謎。為什麼有些人有
自制力和驅動力，有些人卻連早上自己起床都不容易？一九六〇
年代，研究人員的實驗大多是把鴿子關進特製的籠子裡，仔細觀
察牠們的行動。籠中有個開關和電燈，他們想訓練鴿子看到燈亮
就啄開關。研究人員很快就發現，給鴿子食物作為獎勵時，鴿子
的學習快很多。研究人員覺得人類就像是沒羽毛的大鴿子，認為
同樣的獎勵方式也可以用來激勵人類。全球各地的組織和政府機
關迅速接納這個概念，於是監獄裡的罪犯只要表現良好，就可以
享有特殊待遇；學生只要把書讀好，就有糖吃；員工只要表現出
色，就可以獲得獎金。

　　遺憾的是，大家很快就發現，實驗室的鴿子研究不能直接套
用到現實世界的人類身上。有些獎勵系統沒有長期效果，有些反
而阻礙了想要獎勵的行為。

　　艾菲・柯恩（Alfie Kohn）在著作《獎勵的懲罰》
（*Punished by Rewards*）中，引用了大量的證據說明獎勵的負作
用。例如，研究人員追蹤一千多位想戒菸的人，把他們隨機分成

兩組，請他們參加為期八周的戒菸課程。他們提供一組受測者多種獎勵，鼓勵他們參加戒菸活動，獎勵包括陶杯、有機會贏得免費的夏威夷之旅。另一組受測者是對照組，研究人員沒提供他們任何獎勵。一開始，獎勵效果不錯，拿到陶杯與夢想去夏威夷的受測者對戒菸活動特別熱中；不過，三個月後，研究人員再度訪問受測者時，發現兩組的戒菸人數比例差不多。一年後，獎勵組又恢復抽菸的人數，反而比對照組多。

維吉尼亞理工學院的心理學家史考特·蓋勒（E. Scott Geller）仔細檢閱二十八個鼓勵民眾繫安全帶的研究，他看了六年間蒐集的二十五萬人資料後，得出一個結論：想鼓勵大家持續養成繫安全帶的習慣，給現金或送禮是效果最差的方法。同樣的，為了獎勵學生讀書而推動的大規模獎勵活動，也同樣沒有長期的效果。

另外，研究人員也研究了藝術創作的獎勵。你以為給藝術家一大筆錢，他們很快就會創意無限，但是麻州布蘭德斯大學的泰瑞莎·艾默伯（Teresa Amabile）請一群專業藝術家評斷受委託及自發性創作的藝術品價值（評審事前不知道哪些是受委託，哪些是自發性創作），結果發現自發性創作的藝術品評價較高。

艾默伯擔心上述結果可能不是獎勵的負效果造成的，而是因為藝術家的創作風格受到委託人的要求所限制，所以她又做了更嚴謹的研究。她找來一群新銳作家，請他們寫一首俳句風格的詩，第一行和最後一行都要用到「雪」這個字。她把受測者分成兩組，請第一組的作家想像自己成為暢銷作家後的無限財富，請另一組作家思考創作中獲得的樂趣。之後，她又請每個人寫第二

首關於「笑」的詩。

然後，艾默伯找來十二位詩人當評審，請他們看關於雪和笑的詩作，並評鑑每首詩的創意。兩組作家創作第一首詩時，表現出來的創意相當。但是創作第二首詩時，之前想像成名後可享有無限財富的作家比較欠缺創意。可見，即使只是想像獎勵也有負面效果。

很多心理學家對這些實驗結果相當震驚，為什麼在實驗室裡運作正常的獎勵制度，套用到現實生活中卻時常失靈呢？

為什麼獎勵適得其反？

只要你有機會和社會心理學家相處一段時間，遲早都會聽他們提起睿智老人和叫囂少年的故事。

據說有位睿智的老人住在某個雜亂的社區裡，某天一群不良少年決定干擾他的生活，他們每天只要經過老人的家門口就不停謾罵叫囂。很多老人可能會覺得最好的回應方式是大聲回罵、報警或指望這些孩子最終自討沒趣而離開。不過，這位睿智的老人深諳人心，想出更精明巧妙的方法。

他坐在門外等這群不良少年上門，他們一出現，老人就給他們每人一張五英鎊的紙鈔，說他很願意付錢請他們謾罵叫囂。不良少年不解這是怎麼回事，但他們還是拿了錢，像平常那樣叫囂完後就離開了。老人就這樣天天發錢，維持了一周。

第二周，情況有點不同了。不良少年出現時，老人說自己上周的收入不多，只能給他們每人一英鎊。不良少年未受影響，還是收錢，繼續幼稚地叫囂。

第三周，情況又變了。當不良少年出現時，老人說自己上周的收入又更少了，現在只能付他們每人二十便士。不良少年覺得這個金額簡直是污辱他們，因此拒絕再叫囂。

　　這個故事幾乎可以肯定是假的，卻反映出我們為什麼會有某種行為的根本道理。想充分理解老人行動背後的智慧，我們需要回到一九七〇年代，了解有人付錢請一群人玩木製拼圖時發生了什麼事。

　　精神科醫師愛德華・德西（Edward Deci）非常喜歡市面上賣的「索瑪立方塊」拼圖（Soma）。那個遊戲的玩法是以幾個奇形怪狀的木塊拼成特定的形狀。德西想知道這種拼圖遊戲是否能用來驗證「裝假成真」原理對行動力的影響。

　　德西請自願受測者到實驗室來，要求他們玩拼圖遊戲三十分鐘。在開始之前，他告訴一些受測者，拼出形狀就能得到獎金，其餘受測者則沒有獎勵。

　　三十分鐘後，德西告訴受測者拼圖遊戲的時間結束了，接著他解釋，他把下一階段實驗所需的文件忘在辦公室裡，需要離開實驗室去拿來。一如社會心理學實驗常見的狀況，這種「我現在需要離開實驗室」的說法只是幌子，實驗的重點正要登場。

　　德西離開實驗室十分鐘。這十分鐘內，受測者仍可繼續玩拼圖，或是閱讀德西故意擺在附近桌上的雜誌，或是什麼都不做。這段期間，德西都在偷偷觀察他們的行為。

　　根據傳統的鴿子獎勵理論，一般預測，玩遊戲有獎勵的人應該會覺得拼圖很有趣，比較可能在德西離開實驗室後繼續玩。相反的，「裝假成真」原理的預測則截然不同。

根據「裝假成真」原理，那些玩遊戲有獎勵的人會不自覺地認為：「別人付我錢，是因為他們想讓我做我不想做的事。既然他們付錢要我玩拼圖，這遊戲肯定不好玩。」同理，那些沒得到獎勵的人則是不自覺地心想：「別人想讓我做我不喜歡的事情時，才會付我錢。既然他們沒付錢要我玩拼圖，這遊戲肯定很好玩。」所以，那些獲得獎勵的人會表現出他們似乎不想玩的樣子，那些沒得到獎勵的人則是表現出他們覺得遊戲很好玩的樣子。根據「裝假成真」原理，德西的獎勵把遊戲變成了苦差事，所以獲得獎勵的人在他離開實驗室後，比較可能把遊戲擱在一邊。

　　德西的實驗結果為「裝假成真」原理提供了有力的佐證。不論受測者能不能拼出拼圖，在放任他們自由活動的情況下，那些沒獲得獎勵的人比較可能繼續玩拼圖。

　　其他的研究人員很快跟進做了幾個類似的實驗，以驗證這種有趣的現象是否屬實。其中最有名的，莫過於史丹福大學的心理學家馬克・賴普（Mark Lepper）及同事的實驗。他們到一些學校，請學生畫畫。在學生碰蠟筆與畫紙以前，他們告訴一群學童，畫畫就可以獲得「優良小畫家」的獎章，但是對另一群學童則隻字未提。根據「裝假成真」原理，得到獎章的孩子會不自覺地認為：「大人想讓我做我不喜歡做的事情時，才會給我獎勵；既然畫畫可以得到獎章，我肯定不喜歡畫畫。」同樣的，另一群孩子心想：「大人想讓我做不喜歡做的事情時，才會給我獎勵；既然我畫畫沒有獎勵，我肯定很喜歡畫畫。」

　　幾周後，研究人員回到學校，再次發放畫具，衡量孩童畫畫

的興致。幾周前拿過獎章的孩子，畫圖的時間反而比其他同學少很多。

這些實驗的結論相當明顯。提供獎勵給學生、戒菸者、開車者時，其實是在鼓勵他們表現出不喜歡讀書、不想戒菸、不想繫安全帶的樣子，所以獎勵一旦消失，想藉以獲得獎勵的行為就突然停止了。更糟的是，行為出現的頻率可能比提供獎勵以前還低。短期而言，獎勵機制可能有效。但長期而言，多數組織很難持續提供優惠、糖果、禮物、獎金等獎勵。獎勵一旦沒了，大家的動力通常也會跟著消失得無影無蹤。

「裝假成真」原理如何促發行動力

研究人員確定「裝假成真」原理的確對行動力有重要的影響後，他們開始探索用這個原理激勵大家行動的方法。

在職場上，一些企管大師主張，企業應該重新設計工作，給予員工更多的自主性、使命感、趣味性，讓他們更喜歡那份工作。在私人生活方面，一些心理學家開始把焦點放在「角色扮演」上。例如，哈佛大學的雷昂‧曼恩（Leon Mann）對戒菸的突破性研究。

曼恩請二十六位老菸槍到他的實驗室，把他們隨機分成兩組。他叫第一組扮演需要戒菸的肺癌患者。為了讓角色扮演更加真實，曼恩還在大學裡布置一間幾可亂真的醫生診療室。受測者一進到那房間，就看到各式各樣的醫療器材及一位穿白袍、飾演醫生的演員。那位假醫生拿出一張假的X光片，告訴受測者情況不妙，因為一些（虛構的）診斷紀錄顯示他罹患了肺癌。接著，

他們問受測者打算怎麼戒菸。

　　相反的，他們也讓對照組看同樣的罹癌訊息，但沒叫他們做任何角色扮演以改變行為。

　　結果相當驚人。在研究開始以前，每位受測者每天平均抽二十五根香菸。實驗開始後，對照組每天平均少抽五根菸，參與角色扮演的受測者則每天平均少抽十根菸。之後幾年，研究人員持續追蹤這些受測者，發現角色扮演具有長期持續性的效果。實驗結束兩年後，角色扮演者的吸菸量還是比對照組少很多。

　　心理學家除了為工作挹注意義或叫人在日常生活中角色扮演以外，也忙著探索小改變的驚人影響力。

用「角色扮演法」戒菸

你想戒菸嗎？或許一些情感上的「角色扮演」會有幫助。找一位好朋友朗讀以下有關肺癌的段落，撕下165頁的肺部X光圖。然後，請朋友利用那些資訊，假扮醫生，對你提出一些戒菸的建議。你要盡量融入角色中，向醫生請教問題，並說明你現在打算如何戒菸。

資訊和台詞

你的肺是在胸腔的上方，每次你吸入空氣時，肺部會把其中的氧氣抽取出來，把它送進血液中。每次你呼氣時，肺部會把血液中的二氧化碳分離出來，跟著吐氣排出體外。

許多吸菸者罹患「慢性阻塞性肺部疾病」，又稱肺氣腫。這種症狀會減少肺部轉換氧氣和二氧化碳的能力，使人呼吸困難，阻礙氧氣進入人體。肺氣腫是西方國家的人常見的死因之一。

此外，香菸裡有一些有毒的化學成分，可能導致肺癌。醫生是用X光來檢測病人是否罹患肺癌，在X光片中，黑色部分表示X光沒受到阻礙，白色部分顯示障礙物，例如，緊密組織或骨頭。

這張是左肺罹癌病患的X光片，這人六十出頭，是個老菸槍，肺部有大量帶疤的癌細胞，看起來是一大塊白霧狀。這種癌症的後果很可怕，如果肺癌的直徑大於一吋，即使採用最有效的療法，能再活五年的人也不到一半。這位病患看起來可能只剩不到一年的壽命。

你抽菸多久了？已經有呼吸困難的現象了嗎？是不是健康出了狀況？如果你繼續吸菸，幾年後你的X光片很可能就是這樣。你對此有什麼感覺？那對你自己及周遭人的生活有何影響？

我只是先把醜話說在前頭，不過幸好你的未來還沒確定，不必走上那樣的絕路，你現在打算怎麼做，以避免將來照出這樣的X光片？

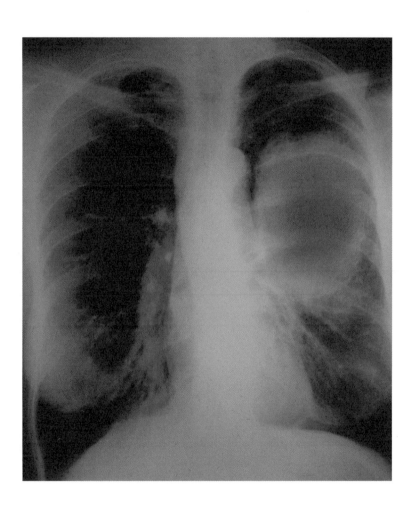

小改變引發大效果

如果想讓人採取較大的行動，可以先透過讓對方同意進行小小的改變開始。簡單地說就是，先透過小改變創造認同，然後進一步提出要求，這就是所謂的「得寸進尺」策略。

　　想像一下你在家裡，突然聽到有人敲門。你透過蕾絲窗簾往外瞧，看到一位年輕人站在門前，看起來不像壞人，於是你決定去應門。那位年輕人表示他是加拿大癌症協會的志工，想問你願不願意捐款。你考慮了一下，決定發揮點愛心，就捐了點錢。

　　這看起來像很尋常的事件，但實際上你很可能參與了某個心理學實驗。多倫多大學的派翠莎・普利納（Patricia Pliner）率先進行這種「願不願意捐款做公益」的研究，證明了「裝假成真」原理可用來讓人採取行動。

　　普利納的研究結果顯示，46%的居民有意捐款。在實驗的下一階段，研究人員請志工去找另一群居民，詢問居民是否願意在衣領上佩戴別針，幫忙宣傳防癌協會的理念。那個別針很小，幾乎每位居民都答應了。兩周後，志工又回去找那些配戴別針的居民，詢問他們願不願意捐款。令人驚訝的是，九成以上的人都表示願意。

　　這就是所謂的「得寸進尺」策略，這種方法之所以有效，是因為最初的小要求讓居民覺得他們彷彿是善心人士，那也鼓勵他們相信自己是無私的，日後更激勵他們答應更大的要求。四十多

年的研究證明，這種方法適用於很多不同的場合。

法國的研究人員尼古拉・蓋岡（Nicolas Guéguen）就做了一些有趣又實用的研究。

在一項研究中，蓋岡去布列塔尼，把當地的住戶隨機分為兩組。接著，他打電話給其中一組居民，佯稱自己是電力公司的員工，請居民參與節約能源的簡短調查。幾天後，蓋岡寄一封信給所有的居民，那封信是以市長的名義，懇請大家參與節約能源的計畫。之前接受電話訪問的居民中，有50%以上的居民答應參與；相較之下，之前沒接受電話訪問的居民中，只有20%答應參與。

在另一項研究中，蓋岡寫電子郵件給一千多人，請他們上一個聲援戰地受害兒童的網站。一半的人連上網站時會看到一則訊息顯示：如果他們願意捐款，可點進另一個連結。相反的，另一半人連上網站時，網站會請他們先填寫反對地雷請願書，接著才問他們願不願意點進另一個連結捐款。沒先填寫請願書的人中，只有3%的人點進捐款連結；先填過請願書的人中，有近14%的人點進捐款連結。

蓋岡也用過「得寸進尺」的技巧幫人找到愛情。他請研究人員上街去找三百位年輕女性，邀請她們去喝點東西，有時研究人員是先問路或借打火機以後，才邀對方去喝東西，有時是直接邀請。這種小改變對成功率有很大的影響。研究人員發現先問路再邀約時，有60%的女性接受邀約，但是研究人員直接邀約時，只有20%的女性答應。

在上述的每個例子中，那些受測者表現出自己支持節約能

源、反對戰爭、有意受邀的樣子，所以更有動力去做符合之前立場的事。

　　推銷人員經常使用這種方法，行為學專家羅伯·齊歐迪尼（Robert Cialdini）稱這種技巧為「低飛球」法（low ball），這種方法牽涉到一套步驟，讓人表現出好像對某種產品或服務感興趣的樣子。例如，汽車展示廳打出某種車款的驚喜價，以吸引潛在顧客進門參觀。等顧客詢問車子的資訊，表現出似乎有意購車的樣子時，銷售人員才解釋其他林林總總的配件是另外計價。同樣的，旅館在網站上以低價打廣告，等潛在顧客點進廣告，表現出有意訂房時，才發現特價的房間已經訂光了，只剩其他價格較高的房間。

撕碎練習：第二部分

　　在本章開始以前，請你做過撕碎練習的第一部分，那其實是為了測試你的拖延度。我先說那個練習很無聊，不需要當時馬上做。結果你做了嗎？如果你做了，那表示你遇到困難時，應該不難激勵自己。如果你當時決定以後再做，你比較可能有拖延的毛病。拖延症讓人在生活的許多面向都表現欠佳，容易疲倦懶散，缺乏自制力（或者就像詹姆斯說的：「世上沒什麼比掛念未完成的工作更累人的事了。」）

　　如果你屬於後者，別擔心。「裝假成真」原理能幫你改變。只要翻回那一頁，把那一頁撕下來（現在不需要撕成二十片了），然後繼續讀下面的文字。

　　你還想完成那個練習嗎？根據研究，現在你會有股衝動把那一頁撕成二十片。你只是做某個活動「幾分鐘」（亦即表現出你是有動力的人），就已經改變了對自己的看法，也讓你更有可能完成你必須做的任務。

　　每次你需要完成重大任務時，就說服自己花幾分鐘先邁出關鍵的頭幾步。

同樣的原理也可能讓人的行為急速惡化。一九七〇年代初期，希臘軍政府想把普通的軍人訓練成殘暴的虐待者。他們使用「得寸進尺法」，慢慢地說服士兵虐待囚犯，一開始他們是在囚犯受虐時，要求士兵站在牢房外。下一階段，他們叫士兵進牢房目睹囚犯受虐。之後，他們叫士兵在牢房裡協助虐待囚犯，例如，在囚犯遭到鞭打時壓住他們。最後是叫士兵直接痛毆囚犯，變成新一代的虐囚者，剛來的新兵則是站在牢外。得寸進尺法就這樣慢慢地訓練士兵，讓他們做出原本完全無法接受的暴行。

幸好，最近有些研究是把得寸進尺法用在比較正面的地方，探索小小的承諾是否能促成世界更美好。

「得寸進尺」做環保

美國人每年製造的垃圾量多達1.5億噸，每天的垃圾量足以填滿紐奧良的巨蛋體育場兩次。加州州立理工大學的心理學家肖恩·伯恩（Shawn Burn）決定研究得寸進尺法是否能鼓勵大家做環保回收。

伯恩的實驗是在洛杉磯東部的大學城克雷蒙特市進行，他把那裡分成五區。實驗開始前，伯恩和同事偷偷觀察當地居民的垃圾回收狀況，找出兩百個不做垃圾回收的家庭。接著，他們開始展開實驗，看能不能改變這些居民的行為。

伯恩一開始先尋求當地童子軍的支援，花三周的時間訓練他們。首先，他請童子軍朗讀精心設計的訊息，強調垃圾回收的重要。接著，研究人員扮演當地居民，請童子軍假裝敲門，向居民傳達剛剛背誦的訊息。當研究人員覺得童子軍已經完成訓練，足

以達成任務後，就派他們去找當地的居民。

　　童子軍是三人一組，研究人員帶他們到克雷蒙特的不同地方，請他們去敲陌生人的門。門一開，童子軍就把他們訓練的那一套搬出來，宣傳垃圾回收的重要性。片刻後，他們遞給居民一張承諾卡和貼紙。那張承諾卡上簡單地寫著：「我，＿＿＿＿＿，承諾支持克雷蒙特的垃圾回收計畫，我願意幫忙減少浪費！」貼紙的內容也一樣簡潔，上面只寫著：「我回收，反浪費。」

　　六周後，研究人員又到當地偷偷觀察居民回收垃圾的狀況。效果相當顯著，童子軍沒造訪的家庭只增加3%的回收量；而簽過承諾書並在家裡貼上貼紙的家庭則增加了20%的回收量。只需要花片刻的時間，表現出有意回收垃圾的樣子，就能深深影響他們後續的環保動機。

改變生活運動

　　二〇一一年，我和英國政府合作推廣一項全國性的「改變生活」運動，以得寸進尺法鼓勵大眾過更健康的生活。我們請大家遇到以下十個觸發點時，就改變行為，以激發更大的轉變：

- 當你伸手拿甜食、巧克力、洋芋片時→停手，改拿新鮮水果、葡萄乾、小米果或無鹽堅果。
- 當你想做油炸食品時→改烤培根和香腸，炒蛋或水煮蛋。
- 當你正要點一大杯白葡萄酒時→改點小杯酒和蘇打調成的蘇打葡萄酒。
- 當你外出，正想搭電梯或電扶梯時→看看四周有沒有樓梯，有的話就改走樓梯。
- 當你搭乘公共交通工具時→提早一站下車，剩下用走的。
- 當自己煮菜，正要用大盤子裝盛時→換比較小的盤子，那可以鼓勵你少吃一點。
- 當正要在茶或咖啡裡加糖時→只加一半糖。
- 當在麵包店正要買白麵包或白米時→改選全麥或糙米，提高纖維質的攝取。
- 當正要點含糖的碳酸飲料時→改點氣泡水、牛奶或純果汁。
- 當正要點一大份主食時→改點小份主食，搭配沙拉和蔬菜。

製作行動承諾卡

你想當慈善志工、攝取健康飲食、過環保生活、做更多運動嗎？行動承諾卡可以幫你。請撕下下一頁，裁下每張承諾卡。填寫其中一張承諾卡，把它放在顯眼的地方。你可以把它貼在冰箱門上、放在書桌上，或貼在浴室的鏡子邊。

填寫卡片就是表現出有動力的樣子，比較可能達成目標。達成第一個目標後，使用其他的卡片來改變生活的其他面向。

我發誓	我發誓
————	————
我發誓	我發誓
————	————

評估你的自制力

　　179頁的後面印了一個祕密，請先不要看。仔細撕下那一頁，揉成紙團，但過程中不要看到內容。我們要用那個紙團檢視你的自制程度。你覺得你可以忍多久才去打開那個紙團？幾分鐘？一兩個小時？一兩天？還是一周？把你的答案寫在下面：

_____

接著，把紙團放在家中或辦公室的明顯位置。你每次看到那個紙團時，都會很好奇裡面寫著什麼祕密。究竟是笑話呢？還是改變你人生的名言佳句？或是教你如何提高自制力的實用方法？除非打開紙團，否則你永遠都不確定答案是什麼。

　　你何時打開紙團？你之前預測的時間準確嗎？還是你的自制力比你預期的差？

　　多數人做這實驗時，一開始都覺得自己能忍上好幾周不去打開紙團，但是，隨著時間經過，大家通常會益發好奇，很快就發現自己亟欲知道那祕密是什麼。從大家對個人自制力有不切實際的預期可以看出，大家都很需要本章介紹的多種技巧。

祕密：「你忍了多久？」

輕鬆又有效的減肥法

心理學家認為，苗條的人根據身體訊號決定是否吃東西，而肥胖者吃東西則多受外部訊號影響。一旦讓肥胖者依循「裝假成真」原理，傾聽體內的聲音，就不需要辛苦地抵抗誘惑，可以迅速減去多餘的脂肪。

　　世界各地人士的肥胖程度都在持續增加。一九八〇年代美國的肥胖人口約占全國人口的15%，到了二〇〇三年這個比例已提升至34%，有高達17%的美國兒童和青少年體重過重。肥胖者更有可能產生多種健康問題，尤其是心臟病、第二型糖尿病、某些癌症。這也難怪全球有數百萬人都曾在人生的某個時點決心減肥，但諷刺的是，他們減肥成功的機率都很低。

　　很多人被低卡路里的減肥餐所吸引，那些餐點標榜快速、輕鬆的減肥效果，通常是卡路里低、營養充足的流質食物。這種減肥方式的短期效果非常顯著，有些研究顯示，使用這種方法的人中，有一半的人可以迅速減去80%的多餘重量。不過，研究人員繼續追蹤那些減重者幾年後，常發現截然不同的結果。大部分的受測者在三年後恢復到原來的體重，五年後只有三人維持減肥效果。不只低卡路里減肥餐有這種令人失望的結果，一位研究人員檢閱數百份探索多種減肥餐的研究後指出：「體重鐵定會回升，差別只是回升的快慢而已。」

離食物遠一點

　　如果你坐在桌邊，試試這個簡單的兩步驟練習。首先，合上書，把書放在桌上，把它推開。第二，把書拉回你面前，拿起來，擁抱並親吻它。

　　你做上述的每個步驟時，對那本書分別有什麼感覺？研究顯示，把東西推開（表現出你好像不喜歡的樣子），會讓你討厭那樣東西；相反地，把東西拉向你（表現出你好像喜歡它的樣子），會讓你更喜歡那樣東西。據我所知，目前還沒有研究驗證擁抱和親吻物品的效果，但我猜那樣會讓你格外喜歡那本書。

　　下次看到一盤甜點或巧克力餅乾時，只要把它推開，你就會感覺到誘惑力消散了。同樣的，如果你是業務員，想讓顧客更喜歡你的產品，就把產品放到顧客前方的桌面上，鼓勵他們把東西拉近觀察。

其他的運動減肥法也面臨一樣的問題。

二〇〇八年，杜蘭大學的研究人員賴瑞‧韋伯（Larry Webber）和同事做了一項大規模的實驗，研究是否有可能鼓勵中學生多運動。那個實驗為期兩年，有數千位來自全美各地三十六所學校的學生參與。

在一半的學校中，研究人員用盡一切的方法，鼓勵學生運動減肥。每周他們都向學生宣導運動的重要，要求學生做定量的運動。研究人員甚至鼓勵學校和當地的健身俱樂部及休閒中心合作，為學生推出特殊的舞蹈課程、健身時段及籃球比賽。相反的，另一半的學校是對照組，沒獲得任何的鼓勵或機會。

為了衡量專案的效果，研究人員給每個學生配備測速器以衡量運動量，並追蹤學生們的BMI（身體質量指數）。全面鼓勵學生運動的效果如何呢？幾乎毫無效果。那些被鼓勵多運動、多打球的學生，其實運動量和對照組的學生差不多。或許更重要的是，兩組學生的平均BMI完全沒有差別。

為什麼會這樣？那研究的基本假設是：改變想法就能改變行為，所以他們覺得只要告訴大家健康膳食和經常運動的重要，大家就會馬上行動。但事實證明這種方法是有問題的，「裝假成真」原理反而是比較有效的長期減肥方法。

餓了才吃

在第二章中，我們學到心理學家沙其特的創新研究，揭開了「裝假成真」原理和魅力之間的驚人關係。一九六〇年代，沙其特也提出一樣大膽的假設，來說明人們為什麼會肥胖。

沙其特認為，人們開始進食是根據兩種非常不同的訊號。

　　第一種訊號來自體內，例如，你大吃一頓後，胃會發出訊號告訴你：「好了，我現在連一點東西也吃不下了。」於是你知道該停止進食。或者，你聽到肚子咕嚕咕嚕叫，感覺到血糖驟降，知道你該到附近的餐館吃點東西。理論上，因為餓而進食就像是因為快樂而微笑一樣。都是根據身體給你的訊號來判斷你的感受。

　　影響你決定進食的另一種訊號來自於你所處的周遭環境。例如，你在糕餅店的櫥窗裡看到一塊誘人的鮮奶油蛋糕，覺得那根本就是為你準備的。或者你看手錶，發現是下午茶時間，於是你走進廚房覓食。這些例子中，你都忽略了身體的訊號，而是根據周遭發生的事情來判斷你的感覺。

　　雖然每個人都會受到這兩種訊號的影響，但是沙其特猜想，有些人比較可能傾聽身體的訊息（他稱這種人為「內在者」），有些人比較可能受到周遭的影響（「外在者」）。他也假設，當食物供給不足時，這兩種人都不會變胖，因為「內在者」只在飢餓時進食，「外在者」只在少數能取得食物的情況下才能進食。

　　目前為止，這一切看起來都沒什麼問題。不過，在多數已開發國家中，超市走道上充斥著各種食物、速食連鎖店鼓勵大家買大號餐、電影院販售超大份的爆米花。根據沙其特的理論，這些過剩的食物對「內在者」不構成問題，他們會持續聆聽身體的訊號，只在飢餓時才進食。相反的，「外在者」就有問題了，因為他們每天遇到的食物都對他們大喊「快來吃我」。除非他們有過人的自制力，否則很快就會開始吃眼前的食物。所以沙其特預

測，多數已開發國家的內在者比較苗條，外在者比較容易肥胖。

這理論聽起來挺有道理的，但果真如此嗎？為了證實，耶魯大學的理查・尼斯比（Richard Nisbett）做了一個巧妙的實驗。他找了一群受測者到實驗室裡，其中有人苗條，有人肥胖，但一次只找一個人來。他請每位受測者在中午過後抵達實驗室，但是實驗當天早上九點以後就不能再進食。受測者做完無聊的實驗後，他請每位受測者吃三明治。其實前面的無聊實驗完全無關緊要，尼斯比只是想偷偷觀察受測者拿到三明治之後的舉動（這又再次證明世上沒有白吃的午餐）。他遞給受測者一個盤子，上面有一個或三個美味的牛肉三明治，他也告訴受測者，吃不夠的話，可以去旁邊的冰箱自取。

沙其特的理論預測，苗條的受測者屬於「內在者」，所以他們吃的三明治數量和盤子上有幾個三明治無關。他們餓了就會吃三明治，覺得飽了就不會再吃了。相反的，肥胖的受測者通常屬於「外在者」，受眼睛的驅動，所以他們看到三塊三明治時，會吃得比較多。顯然肥胖的受測者可能比苗條的受測者更餓，研究人員考慮到這點後，做了一個有趣的預測。俗話說「眼不見，心不念」，所以研究人員推論，肥胖的受測者和苗條的受測者去開冰箱的機率差不多。

結果呢？當兩組受測者都只拿到一個三明治時，他們吃得一樣多。但是當他們都拿到三個三明治時，肥胖者很快就吞下更多的三明治。不僅如此，兩組受測者去開冰箱的機率都一樣低。

哥倫比亞大學的羅納・高德曼（Ronald Goldman）和同事利用贖罪日（Yom Kippur）設計了另一個巧妙的實驗。贖罪日是猶

太教中最神聖的節日，這天虔誠的猶太教徒會禁食與禁水二十四個小時。高德曼知道現代的猶太人遵守這個傳統的程度不一，有些人幾乎一整天都待在猶太教堂裡，有些人只去教堂一個小時左右。高德曼推測，整天待在猶太教堂裡的人不會常想到食物。（高德曼在論文中寫道，贖罪日的宗教儀式中，唯一和食物有關的描述是「短暫提到代罪羔羊」。）

根據沙其特的理論，高德曼推測，苗條的人會傾聽身體的訊號以判斷自己是否餓了，所以不論他們在猶太教堂中待多久，他們的飢餓感都是一樣的。相反的，肥胖者是依賴周遭環境判斷自己是否該進食了，所以他們待在猶太教堂時，感覺比較自在。為了證明他的推論，高德曼發問卷給他的猶太裔學生，詢問他們的身高、體重、贖罪日待在猶太教堂幾小時、覺得禁食有多難。問卷結果顯示，苗條學生的回答看不出贖罪日待在教堂的時間和禁食難度之間有什麼關係。相反的，正如沙其特所料，贖罪日那天肥胖的學生離開教堂的時間愈長，覺得禁食愈困難。

沙其特的理論對希望賣出更多食物的餐廳以及想減肥的人來說都有很大的寓意。

從餐廳的觀點來看，讓顧客不那麼注意自己，忽略胃部發出的訊號，對生意更有幫助。例如，採用昏暗的燈光、輕柔的音樂，可以讓人把注意力從自己的身上移開，也鼓勵顧客多吃一點。同樣的，以誘人的美食照或實品吸引「外在者」，也可以刺激消費者多買東西。研究顯示，即使是最有自制力的外在者，在看到菜單上的誘人美食照或是餐後推出的點心車時，意志力也會瓦解。例如，在一項研究中，研究人員請一家法國餐廳的員工把

客人依體重分成：「超重」組和「標準」組。等客人用餐結束時，服務生就端甜派到桌前，詢問誰想要餐後甜點。身材標準和超重的客人點餐後甜點的機率差不多，但是超重者更亟欲點擺在他們眼前的甜派。

如果你真的想減肥，沙其特的理論可以幫你。多注意身體傳達給你的訊息，傾聽體內的聲音。例如，在點蛋糕之前，先問自己：「我真的餓了嗎？」同樣的，儘量別看不健康的食物，避開超市裡那些擺滿零食和餅乾的走道，以減少誘惑。避免在把你的注意力從身上移開的情境裡用餐，用餐時別看電視、聽音樂或看書。把注意力集中在食物上，慢慢咀嚼每口食物。萬一做不到的話，可以坐在鏡子前用餐，把刀叉換成筷子（或筷子換成刀叉），或改換你不習慣施力的那隻手，盡量把注意力拉回自己身上。

沙其特的簡單理論把「裝假成真」原理和用餐連結在一起。苗條的人根據身體訊號決定是否吃東西，就像露出笑臉會讓人覺得快樂一樣，他們是在胃部告知飢餓時才吃東西。相反的，肥胖者通常不會根據身體訊號決定是否進食，而是受到外部訊號的影響。讓肥胖者依循「裝假成真」原理，把焦點改放在行為上，就可以迅速減去多餘的脂肪。節食不需要辛苦地抵抗誘惑，只要傾聽體內的聲音就行了。

坐姿端正，增強自制力

看一下你的電腦螢幕，螢幕中央是在你的視線上方、下方，還是中間？根據「裝假成真」原理及動力的研究，螢幕高低對你的生產力有很大的影響。

一九八〇年代，德州農工大學的約翰·雷斯金德（John Riskind）決定研究人體姿勢對毅力的影響。雷斯金德讓受測者做出兩種不同的姿勢。一半的受測者是彎腰駝背、頭部低垂；另一半受測者是坐直身子、抬頭挺胸。維持那姿勢約三分鐘後，他們叫受測者到另一個房間破解幾個幾何圖。受測者必須用鉛筆描圖，但筆尖不能離開頁面。其實，有好幾題是無法破解的，雷斯金德只是想知道，受測者面對困難時會撐多久。事後雷斯金德在名為〈駝背吞敗〉（*They Stoop to Conquer*）的論文中，詳細描述實驗的結果，他指出坐得筆直的人堅持的時間是彎腰駝背者的兩倍。

最近，其他的心理學家以他的研究為基礎，進一步探索。他們叫受測者坐在電腦前解一個複雜的問題。有時電腦螢幕放得較低，受測者必須彎腰駝背解題。有時螢幕位置略高於受測者的視線，受測者必須坐直身子解題。研究結果也顯示，抬頭挺胸的人可以堅持較久。

所以，想激發最大的動力，就把電腦螢幕擺放在略高於你視線的地方吧。

別被習慣制約

沙其特的理論相當吸引人，但不是唯一探討「裝假成真」原理和飲食習慣關連的研究。我在赫福郡大學任教多年，很幸運能和許多活力充沛、創意十足的同事共事，班·佛萊契教授（Ben Fletcher）就是其一。

佛萊契幾乎永遠穿著黑衣，但他其實是很快樂的人，跟我一樣熱愛和日常生活有關的怪誕心理學。佛萊契本來是鑽研職場心理學，早年的研究主要是在探索職場壓力。他做那研究時，發現了習慣的壞處。

有些人的思維和行為相當僵化，例如，老是以同樣的方法解題，開制式的會議，對一成不變的日常慣例感到安心；相反的，有些人喜歡不可預料性，創意思考，樂於接納新點子。佛萊契推測，那些行事僵化的人在穩定的環境中也許表現不錯，但是面對需要改變與調適的狀況時則疲於應付。

為了驗證他的推測是否正確，佛萊契設計了一份問卷，衡量一個人的靈活度（例如，「有時同事覺得你做起事來不按牌理出牌嗎？」、「別人臨時修改計畫，你是否覺得很困擾？」）。接著，他到幾家不同類型的公司，請員工填寫問卷，評估自己的應變力及焦慮度。結果顯示，行事僵化的人的確覺得改變很困難，通常不喜歡自己的工作，特別容易焦慮。

於是，佛萊契心想，同樣的概念是否也適用在職場外的日常生活。他推測，我們生活上面對的很多問題，大多是因為不夠靈活，不知變通，受某些習慣的束縛所造成的。例如，肥胖者養成吃太多、運動太少的習慣；吸菸者習慣性地把手伸進口袋，掏出

香菸，順手點燃；很多老是找不到戀愛對象的人，習慣去同樣的地方，跟同一種人聊天。佛萊契想知道，如果鼓勵這些人表現出不受習慣牽制的樣子，會發生什麼事？

繃緊肌肉，增強意志力

動力十足的人在準備行動時，通常會繃緊肌肉。但是反過來也成立嗎？你可以藉由繃緊肌肉來增強意志力嗎？

新加坡國立大學的瑞斯‧洪（Ris Hung）和同事決定找出答案。研究人員找來幾組受測者，要求他們把手伸進冰桶中，喝一種難喝的健康醋，或是到咖啡廳點健康食物，不點甜品。在這之前，研究人員先請一半的受測者握拳以繃緊肌肉，坐下來腳跟離地，手指緊緊握筆，或收縮二頭肌。這些練習都是為了讓受測者表現出努力自制的樣子。結果顯示，做過這些練習的受測者可以把手伸進冰桶較久，喝下較多的醋，或點比較健康的食物。

下次你覺得意志力渙散時，可以試著繃緊肌肉。例如，握拳、收縮二頭肌、拇指和食指對壓，或緊握一支筆。

如果這些練習都沒效，可以試著交叉手臂。羅徹斯特大學的羅恩‧弗里德曼（Ron Friedman）和安德魯‧艾略特（Andrew Elliot）做了另一項研究。他們要求受測者破解很難的字謎遊戲，有些人是雙臂交叉，有些人是把手放在大腿上。雙臂交叉是表現出有毅力的樣子，所以雙臂交叉的受測者堅持解題的時間，幾乎是手放大腿者的兩倍。

佛萊契想知道鼓勵人們改變習慣會發生什麼事，於是他和大學同事凱倫・潘恩（Karen Pine）合作，一起開發一種技巧，名叫「換個花樣」（Do Something Different，簡稱DSD）。DSD包含一系列的練習，目的是鼓勵大家表現出靈活面對生活的樣子。例如，一整天不看電視、寫首詩、和老友聚首，走不同的路線上班。多年來，佛萊契和潘恩追蹤這些簡單技巧對生活中諸多面向的影響。

以他們的減肥研究為例，他們做了多次研究，招募想減肥的人，把他們隨機分成幾組，鼓勵其中一組採行DSD技巧一個月。他們沒要求那組受測者節食或多運動，而是鼓勵他們改變思維及行為模式，例如，提前一小時就寢、手機關機一天。相反地，其他小組的受測者沒接到任何指示，或是採用他們自己挑選的節食法。

追蹤這幾組受測者幾個月後，結果顯示DSD可以幫人減重。類似的研究也顯示，同樣的技巧可以幫人戒菸及提升就業機會。

吸菸或飲食過量等不良行為的形成，都是因為人們表現出自己受到習慣羈絆的樣子。只要把行為變得更靈活，他們就會以全然不同的方式看待自己。突然間，他們不再是那個麻木重複舊習的人，而是可以掌控生活、因應周遭變化的人。對他們來說，這可能像魔法一樣不可思議，但這不過是「裝假成真」原理的另一個實例罷了。

打破舊習慣

　　佛萊契和潘恩以他們的研究為基礎設計了一系列的練習，目的在於讓你稍微了解這種方法的運作方式，以鼓勵大家改變習慣。以下兩個練習都是為了幫你戒除舊習，表現出你能靈活應付生活的樣子，進而激發你的行動力。

練習一：每隔幾天就做一項下面的活動，試著打破舊習慣：

- 看你沒看過的電視節目、聽新形態的歌曲、讀不同的報紙、瀏覽不同的新聞網站。
- 走新路線上班。
- 嘗試少見的食物。
- 參觀新藝廊或博物館。
- 逛沒去過的商店。
- 騰出時間去看你覺得自己不會喜歡的電影。

練習二：在方框中勾出你認同每句話的程度。

	非常 不同意	不太 同意	不置 可否	有點 同意	非常 同意
我認為我……					
1. 情緒化	☐	☐	☐	☐	☐
2. 對人很挑剔	☐	☐	☐	☐	☐
3. 霸道	☐	☐	☐	☐	☐
4. 自我中心	☐	☐	☐	☐	☐
5. 沒耐心	☐	☐	☐	☐	☐
6. 成熟	☐	☐	☐	☐	☐
7. 吝嗇	☐	☐	☐	☐	☐
8. 懶散	☐	☐	☐	☐	☐
9. 愛搞神祕	☐	☐	☐	☐	☐
10. 沒創意	☐	☐	☐	☐	☐

你對哪些特點勾選「有點同意」或「非常同意」？每隔幾天，就挑出其中一項特質，試著表現出相反的樣子。如果你覺得自己有點吝嗇，那就花幾天的時間表現出慷慨大方的模樣。如果你覺得自己對別人很挑剔，就多讚美身邊的人。

「裝假成真」原理提供你一種看待行動力的新方法，這個原理可以解釋為什麼獎勵常常起不了作用；更重要的是，它也為一些迅速有效的激勵方法提供了依據。只要做出小小的承諾，你就更有可能落實大幅的改變。遇到困難時，交叉雙臂、緊縮肌肉、坐直身子，就可以堅持得更久。表現出你不再受到習慣的牽制，你會突然發現戒菸和減肥容易多了。這些簡單有效的技巧鼓勵你改變行為上的一個小面向，如此一來，你就能啟動「裝假成真」原理，讓你感覺像全新自我，更有動力。

CHAPTER **5**

行為改變說服力

- 發現讓人改變念頭的問題
- 找出操弄大眾心理的元凶
- 發現合作如何塑造社會

「在我明白自己說什麼以前，怎麼判斷我在想
什麼？」
——佛斯特（E. M. Forster），《小說面面觀》（*Aspects of the Novel*）

說服會遇到的問題

心理學家證實，我們都很會「說一套，做一套」。而這一點，是成功說服的阻礙之一，因為這讓人們的實際行為難以正確預測。

　　韓戰裡有兩大衝突，其一是美國與其他的親民主勢力對抗中國與北韓的共軍；其二是在北韓戰俘拘留營的鐵絲刺網後方，美國的勤務人員被俘後，在那裡面對心靈與精神之戰。

　　一九五三年七月韓戰正式結束，交戰雙方協議把朝鮮半島分成南北韓兩國。隔年一月，戰俘拘留營關閉，所有被俘的勤務人員皆獲釋放，這時上述的第二個衝突才浮上檯面。

　　戰俘營關閉後，二十一名美國士兵決定繼續留在北韓，還公開詆毀自己的國家，聲援殺了三萬多名袍澤的敵國。此外，令人驚訝的是，許多返美的被俘人員也熱切地宣揚共產主義的優越。

　　至於那些選擇留在北韓的被俘人員，他們的親朋好友都深感震驚，其中一人的父母接受《時代》雜誌的訪問時表示：「我絕不相信孩子不願回家。」全球媒體紛紛湧進北韓報導這個事件，請心理學家解讀士兵這種看似令人費解的決定。有些研究人員認為北韓使用閃光燈和白噪音對美國大兵洗腦，另一些人則認為北韓是使用先進的催眠術或迷幻藥。不過，他們都錯了。

　　只要了解美國大兵的身上發生了什麼事，就知道如何運用「裝假成真」原理來改變世界。為此，我們先從說服力的心理學

開始探索。

人們偏向「堅持既有信念」

政府投入大筆資金，試圖說服大眾戒菸，避免酗酒，攝取健康膳食。這些立意良好的活動通常是基於一個假設：讓大家知道他們的生活形態有害，他們很快就會改變生活方式。例如，讓大眾知道吸菸容易致癌，大家就會戒了；讓大眾了解酗酒會摧毀生活，他們就會控制飲酒量；讓大眾知道油脂會堵住血管，大家就會多吃新鮮蔬果。但是，這種看似合理的方法有個小問題：它們通常都沒有效。

愛爾蘭喜劇演員安德魯·麥斯威爾（Andrew Maxwell）最近製作一個電視節目，他找來五位深信九一一恐怖攻擊是陰謀論的人，帶他們一起上路。其中一位成員羅德尼認為，世貿雙子星大樓不是被兩架遭到劫持的飛機所撞毀的，而是政府操控的爆炸所摧毀的。另一成員夏洛特也同樣堅信，恐怖分子受訓有限，沒有能力把飛機開向雙子星大樓。

麥斯威爾帶著羅德尼和夏洛特去拜訪多位專家，請專家提出大量反駁陰謀論的證據。一位炸藥專家向他們展示，炸毀雙子星那麼大的建築物有多難準備。另一位飛行教練則是展示駕駛現代飛機有多麼容易。這些證明改變了羅德尼和夏洛特的想法嗎？完全沒有。節目結束時，他們面對諸多證據，依舊不為所動，仍堅稱九一一恐怖事件是美國政府自導自演的。

同樣的，一九九七年邪教天門教（Heaven's Gate）的教徒認為，在海爾－博普彗星後面行進的太空船即將把他們載離地球。

彗星快接近地球的幾周前，一些天門教教徒去科學儀器店採買精密的望遠鏡。當他們以高倍速的鏡頭觀看宇宙時，可以清楚看到彗星，但沒看到太空船。通常這種經驗應該會讓人質疑原本的想法，但他們依舊深信不疑，隔天回到那家店退貨，聲稱望遠鏡有問題，要求店家退款。

當證據顯示信念有誤時，羅德尼、夏洛特和天門教的教徒卻依舊深信不疑，你可能會覺得他們是異類。這樣想雖好，卻是錯的。很少人相信美國政府摧毀了雙子星大樓，或太空船跟在彗星後面，但我們對其他的想法也常有這種深信不疑的情況。面對反駁的證據時，我們也會像陰謀論者或邪教教徒那樣自欺欺人，去尋找想法相同的人，迴避推翻我們想法的資訊，並質疑那些提出反論者的正直。人類雖是講理的動物，但是當事實與我們的認知不同時，我們都很容易就忽略了事實。

例如，有一項研究追蹤大眾對某份翔實的科學報告有什麼反應，那份報告指出吸菸和癌症有明顯的關連。有高達90%的非吸菸者表示他們覺得那份報告很可信，但吸菸者中只有60%覺得那份報告可信。在另一項研究中，研究人員先問受測者是否支持某項重要議題，例如，氣候變遷。接著，再讓每個人看那個議題的多元論點。有些論點很可信（例如：「氣候變遷很可能是溫室效應引起的。」），有些論點則令人懷疑（例如「許多科學家受到賄賂，才說氣候變化是真的。」）。研究人員請受測者閱讀每個論點，盡量記住它們。如果受測者是理性的，應該會同時記住一些可信的觀點和可疑的觀點。但結果顯示，不管受測者是否相信該議題，他們都只記得支持其個人觀點的可信論點，以及反對其

個人觀點的不可信論點。

這種「我已經打定主意，別用事實混淆我」的做法，對想要改變人民信念的政府來說是一大障礙。在菸盒上打出「吸菸致命」的黑色大字，吸菸者就是有辦法說服自己抽菸沒那麼糟。告訴酒鬼酗酒的可怕，他們還是覺得多喝沒問題。大力推廣健康飲食，肥胖者依舊大量攝取漢堡和洋芋片。

更糟的是，這只是冰山的一角。

人們經常「說一套做一套」

數十年來，心理學家研究人們「說要做什麼」及「實際做什麼」之間的關係，其中以麻州史密斯大學的萊納德‧畢克曼（Leonard Bickman）和同事的研究最為出名。

畢克曼想從丟垃圾這個簡單的動作裡，了解人的信念和行為之間的關連。他和團隊到繁忙的街上，刻意把紙團丟在離垃圾桶不遠、行人會經過的地方。接著，研究人員到馬路的對面，偷偷記錄有多少行人會撿起垃圾，放進垃圾桶。結果發現，麻州居民不是那麼注意環境清潔，只有2%的行人撿起紙團，放入垃圾桶。

在研究的下一階段，研究人員攔下數百位剛剛經過那紙團的行人，問他們一個問題：「看到街上有垃圾，是不是每個人都有責任把它撿起來？還是應該留給負責打掃的人處理？」有多少比例的行人會說人人有責呢？10%？40%？60%？事實上，剛剛對紙團視而不見的行人中，有高達94%的人認為人人有責。

畢克曼的研究顯示，在撿垃圾方面，大家很擅長歐威爾式的

雙重思想（Double-think），導致他們心裡想一套，做的卻完全是相反的另一套。

研究人員想了解這種奇怪的矛盾現象是否也存在生活的其他面向，他們把注意力轉向許多重要的議題，例如，道德。你覺得自己算有道德的人嗎？你通常會做正確的事，公平地解決爭端，行為符合倫理道德嗎？一般人看到這樣的問題時，幾乎每個人都會勾選「沒錯，我就是那種人」。但是大家實際的行為都符合道德倫理嗎？堪薩斯大學的心理學家丹尼爾・巴特森（Daniel Batson）決定找出答案。

巴特森想知道，聲稱自己有道德的人會言行一致嗎？還是他們只是滿口仁義道德，其實不願付出相對的代價（巴特森稱這種行為是「道德虛偽」）。在一項研究中，巴特森請一群受測者回答幾個有關個人道德的問題，評估自己的道德高低。例如，他們相信世界公平嗎？他們通常會努力做正確的事嗎？他們是自私的，還是關心他人的福祉？

幾周後，巴特森邀同一群受測者到實驗室來，一次一位。他告訴每位受測者，那項研究還有第二個人參與，那個人目前在隔壁的房間裡。接著他解釋，他們兩人之中有一人可以參加抽獎（有機會中大獎），另一人則需要花三十分鐘加總一些數字。

至於誰有抽獎機會，誰負責加總數字，由拋硬幣決定。如果硬幣正面朝上，受測者就有抽獎機會，隔壁房間的人則要負責加總數字；如果硬幣反面向上，受測者要負責加總數字，隔壁房間的人獲得抽獎機會。

巴特森在確認受測者均同意這個方法後，他將硬幣遞給受測

者，請他到走廊上拋硬幣，然後回實驗室告訴他拋硬幣的結果。他說他無法得知拋硬幣的結果，需要受測者告訴他實情。

實驗的結果很不尋常。按機率來講，拋硬幣時正面朝上或背面朝上的機率都是50%，但是九成的受測者回實驗室時，臉上堆滿笑容，聲稱自己投擲硬幣是正面朝上，他可以抽獎。總之，許多受測者顯然沒吐露真相。當初評估自己很有道德的人比較誠實嗎？事實證明，情況攸關自身利益時，連那些自以為道德高尚的人也無法據實以告。

巴特森的研究顯示，就連道德感這麼根深柢固又重要的東西，通常也無法用來預測實際的行為。

人們言行不一導致宣傳失效

垃圾和道德的實驗結果並非特例。心理學家一再證實，我們都很會「說一套，做一套」。由於言行不一的時候常會出問題，所以政府推動的許多活動收不到效果並不令人意外，「哈欽森拒菸計畫」（Hutchinson Smoking Prevention Project）就是一個很好的例子。

八〇年代末期與九〇年代初期，美國國家癌症協會花了近一千五百萬美元，推動大規模的兒童拒菸活動。這活動既是一個實驗，也是公共教育計畫。在西雅圖二十個隨機挑選的學區裡，對四千多名學生不斷地轟炸資訊，以防止他們吸菸。這些學生在幾個月內持續上特殊課程，吸收各種實用的反菸建議（包括如何抗拒同儕壓力、如何忽略香菸廣告）。對照組是另外二十個學區的四千多名學生，他們沒收到任何相關的資訊。

這些學生從中學畢業兩年後，研究人員追蹤調查多數的學生，看他們是否吸菸。研究人員也擔心學生隱瞞抽菸的事實，還檢測他們唾液中的尼古丁含量。研究結果令人失望，參與宣傳活動的孩子中，有29%抽菸，對照組有28%抽菸。花了上千萬美元想要阻止孩子們抽菸，結果幾乎沒什麼效果。

不幸的是，這並非特例。另一個全美反菸活動是鼓勵家長勸阻孩子抽菸，口號是「溝通，孩子會聆聽。」結果呢？孩子本來就容易叛逆，抗拒權威，反菸活動讓他們更不相信吸菸是危險的，更有可能吸菸。在英國，衛生部斥資三百多萬英鎊，鼓勵民眾每天吃五份蔬菜，結果英國的蔬菜消費量反而減少約11%。一九九〇年代末期到二〇〇四年間，美國國會撥款近十億美元，在媒體上大打反菸廣告，結果發現廣告不僅沒勸阻青少年吸食大麻，可能還鼓勵了其中一些人去嘗試。

研究人員發現用來改變大眾念頭的傳統方法經常無效，於是開始探索其他的方法。最後，一位剛從研究所畢業的年輕心理學家提出了一個嶄新的想法，改變了整個行為科學的發展。

塑造一致：第一部分

　　請以1到5為以下的敘述評分，1表示非常不同意，5表示非常同意。

敘述	給分
1. 我刷牙時會讓水龍頭的水一直流。	1 2 3 4 5
2. 可以搭乘汽車或火車時，我還是選擇搭飛機。	1 2 3 4 5
3. 家裡和辦公室的燈泡都不是省電燈泡。	1 2 3 4 5
4. 我沒把垃圾放進回收桶。	1 2 3 4 5
5. 我買新貨，不買二手貨。	1 2 3 4 5
6. 我離開房間時不隨手關燈。	1 2 3 4 5
7. 我非常支持環保生活的理念。	1 2 3 4 5

　　謝謝你的回答，稍後我們再回來看這份問卷。

行為創造信念

在跟別人交談時，若想讓對方認同你的觀點，可以在對談時隱約地點頭（看起來好像同意該論點），這麼一來，對方也會不自覺地回應同樣的動作，進一步認同你的想法。

　　十九世紀末，社會學家威廉·葛蘭姆·桑默奈（William Graham Sumner）認為，有些念頭根植在我們的大腦中，桑默奈稱這些信念為「民風」，說它們很難改變。一八九六年，美國高等法院必須對種族隔離的合法性做出裁決。許多支持隔離者聲稱，種族優越感就是一種「民風」，任何立法禁止種族隔離的意圖都是無用的。高等法院受此論點的影響，以「法律不能改變民風」為由，裁定所有美國公民都可享用同樣的公共服務，但不同種族可用不同的公共設施。事實上，非裔美國人使用的公共設施品質通常遠比其他人使用的還差。

　　一九四〇年代中期開始，美國民權運動致力推翻種族隔離的法律。一九五〇年代初期，美國最高法院必須重新裁定校園內種族隔離的合法性。支持廢除隔離的律師指出，一八九六年的「分離但公平」的主張是違憲的，因為那讓黑人小孩感到自卑。律師團援引肯尼斯·克拉克（Kenneth Clark）和瑪米·克拉克（Mamie Clark）等心理學家的研究佐證其論點。

　　克拉克夫婦在如今已成經典的研究中，讓黑人小孩自己挑選白色娃娃或黑色娃娃，並描述所選娃娃的特色。幾乎所有的孩子

都比較喜歡白色娃娃，並以正面的特質形容它。克拉克夫婦認為，實驗結果清楚顯示校園隔離讓黑人小孩感到自卑。這論點相當強而有力，一九五四年最高法院一致通過，種族隔離的教育設施是違憲的。其他類似的法規很快跟著出現，例如，法院裁定禁止公車及其他公共交通工具上的種族隔離。

裁定出現時，社會心理學家達羅・拜姆（Daryl Bem）是密西根大學的研究生。拜姆原本打算讀物理學，但後來對於民權運動對大眾信念有何影響深為著迷，於是改讀心理學。他決定研究一九五四年高等法院裁定通過之前與之後，美國白人對種族隔離的態度有何差異。他的分析很快得出了一個耐人尋味的現象。

在那個別具意義的法院裁定前，只有少部分的美國白人支持廢除隔離。例如，一九四二年的調查中，只有30%的美國白人支持校園廢除隔離，35%贊成社區廢除隔離，44%支持公共交通工具上也廢除隔離。然而，高等法院裁定廢除隔離兩年後，一九五六年的調查顯示，49%的白人支持學校廢除隔離，51%支持社區廢除隔離，60%支持交通工具廢除隔離。

多年來，美國民權運動在廢除隔離方面難以獲得民眾的支持。而今，在最高法院裁定後，短短幾年內，就已經有更多的美國白人支持該主張。拜姆很想解釋這種有趣的現象，找遍各種心理學教科書，最後找到詹姆斯對行為和情感的研究。

正如第一章所述，根據「裝假成真」原理，行為會引發情感。例如，微笑時讓人感到快樂，皺眉時讓人感到難過。拜姆心想，那原理會不會不只決定我們的感受而已，也影響我們的信念。一般傳統的想法以為，思想促成行為。例如，想像你晚上想

出門玩樂，可以去看電影或看戲劇，你知道你比較喜歡看電影，所以去了電影院。在這個例子中，你的想法（「我比較喜歡看電影」）促成你的行為（去看電影）。拜姆仿效詹姆斯，徹底顛覆了這種心理的傳統認知，他主張行為會影響信念。所以晚上你想出去玩樂時，在隱約的說服下你到了劇院，你的潛意識看到自己的行為後，推論：「等等，我在看戲，我想我對戲院的喜好肯定多於電影院。」結果你對戲劇的喜好益發正面（參見下圖）。

一般認為的因果關係如下：
我喜歡電影→去電影院

裝假成真理論認為實際上是：
去電影院 →我肯定喜歡電影

「裝假成真」原理在思想控制方面的延伸應用，可以解釋為什麼最高法院裁定後，大眾對廢除隔離的看法有如此巨大的轉變。法律要求大家表現出支持廢除隔離的樣子，這促使他們不自覺地心想：「等等，我現在表現得好像支持廢除隔離，我想，我肯定覺得種族平等是對的。」他們因此對廢除隔離產生比較正面的新想法。

雖然廢除種族隔離前後的調查支持了「裝假成真」原理，但是這不足以證明就是這個理論促成的，因為大眾意見的巨大轉變

可能源自於其他因素，例如，民權運動的廣泛宣傳。研究人員亟欲證明「裝假成真」原理的確影響了大眾的想法，所以他們又回到實驗室，做了一系列系統化的實驗。

人們慣於「合理化自身行為」

越戰中喪生的美國士兵多達五萬多人。戰爭期間，美國政府為了獲得民眾的支持，經常刻意發布一些正面的消息，例如，北越共軍即將敗退，或南越很快就足以自保。美國不斷派兵前往越南，總統詹森應該比其他的領導者為此付出更多的責任。詹森不時會聽到閣員私下表示對越戰形勢的擔憂。詹森是否曾把這些政治人物叫進自己的辦公室，向他們解釋自己的觀點呢？完全沒有。相反的，他採用一種很不尋常的技巧：他派那些懷疑者跟一群記者去越南「調查真相」。

詹森很清楚他的閣員不太可能公開表達私人疑慮，面對外界時，他們不得不高調捍衛政府的政策。「裝假成真」原理預測，這些懷疑者在聽到自己發表支持總統政策的言論後，最終也會相信自己的言論。

研究人員在實驗室中運用相同的方法，測試「裝假成真」原理是否能夠影響信念。為此，他們把受測者找來實驗室，讓他們填寫一份有關其政治立場的問卷。接著，叫半數的受測者發表支持其反對政黨的簡短演說，另一半的人則是從雙面鏡觀看他們演說。兩周後，所有的受測者又填了一份有關其政治立場的問卷。

「裝假成真」原理預測，發表過演說的人看到自己支持討厭的政黨後，可能會開始覺得那個政黨其實沒那麼壞。相反的，那

些只聽到演說的人雖然接收了一樣的資訊，但不是自己提出主張，所以不會改變立場。研究結果證實了這點，只要幾分鐘的角色扮演，就可以達到媒體轟炸、政治廣告所達不到的效果。

多年來，研究人員也把同樣的程序套用在多種不同的場合上，他們錄下有些人主張多種議題的談話，例如，墮胎、酒駕危險、擴大警方職權等等。在每個例子中，他們讓受測者表現出相信某言論的樣子，可以讓他因此相信上百個理性論點也無法說服他的議題，迅速改變他的態度，讓他支持你預設的立場。

事實上，這個轉變非常明顯，受測者往往事後還會否認自己曾抱持原始的觀點。研究人員拿出原始問卷證明他們原始立場不同時，他們會堅稱問卷是假的，或自己當初看錯題目。

這個機制可以解釋許多原本難以理解的立場轉變。本章一開始，我提到韓戰結束時，許多美軍決定續留北韓，很多美國大兵即使回到美國，依舊大談共產主義的優越。

研究人員深入訪問這些戰俘後發現，那些信念不是在催眠、迷藥或體罰下灌輸給他們的，而是共產高層刻意運用「裝假成真」原理來改變美國戰俘的想法。

這種罕見的思想操縱形式，通常是從戰俘進入拘留營時開始運作。警衛先和新來的戰俘握手，並說道：「恭喜，你被解放了。」接下來的數周，戰俘必須上長時間的課程，那些課程都是在歌頌共產主義的優點，課程也會要求他們做小組討論。每組通常會分派一位中國共產黨員監督，以確定戰俘討論出「正確」的結論。如果小組裡有人公然表達反共產的論點，所有的戰俘都必須重聽一遍講課並重新討論。

戰俘入營不久，中國警衛也會要求他們抄寫幾句親共言論（例如「共產主義很棒」、「共產主義是未來之道」、「共產主義是最開明的政府形式」）。很多美國人都很樂意抄寫，因為這些要求看起來微不足道，乖乖聽話通常可以換得一塊肥皂或幾根香菸作為獎勵。幾周後，警衛加碼要求戰俘大聲朗讀那些言論，多數戰俘還是照做了。又隔幾周後，他們要求戰俘向自己的同伴朗讀那些言論，最後開始辯論，主張為什麼他們相信那些言論是正確的。

　　此外，如果戰俘自願為拘留營寫親共文宣，他們可以得到在當地相當珍貴的東西，例如，鮮果或甜食。文宣一經刊出，作者就可以戴上毛澤東的徽章，不必做繁瑣的勞務。

　　久而久之，這些行為使很多戰俘改變了他們對共產主義的態度，甚至說服一些戰俘留在北韓，而不是返美。「裝假成真」原理有助於解釋這種信念的巨大轉變：中國共產黨不需要訴諸體罰或神祕的洗腦術，只要確定戰俘看到自己一再重申他們支持共產主義，他們就會自己培養出和他們的說法一樣的信念。

　　同樣的方法也可以用來影響整個民族。每天高喊「希特勒萬歲！」，可以鼓勵許多德國人民更接納納粹的意識型態。叫人一再高唱國歌，可讓人更愛國。讓孩子每天早上祈禱，可以提高他們接納宗教信仰的機率。

　　在上述的每個例子中，言語成了信念。許多人對這種研究相當好奇，開始研究其他類型的行為是否也有同樣的說服效果。其中有兩個研究最出名，一個是關於眼珠的顏色，另一個是「第三浪潮」（Third Wave）的形成。

比手指實驗

「裝假成真」原理可以顛覆意識型態，這種「行為創造信念」的流程可以用來塑造大家對日常生活諸多面向的想法。

迅速實驗的時候到了！伸出拇指，彷彿比出「讚」的手勢，接著讀以下的段落：

> 唐納遇到一個麻煩。過去幾個月他都是租公寓居住，現在他想搬走。他的合約已經到期，但房東拒絕退還押金。屢次索討未果後，唐納愈來愈生氣。某天，他終於受不了，拿起電話，痛罵房東一頓。

你如何看待唐納的行為？你覺得他那樣做正確嗎？現在改成伸出中指，重新讀一次那段文字。現在你對唐納的行為又有什麼看法？

在多數的西方國家，對人比中指通常意味著你討厭他，對人比讚通常是正面的意思。你喜歡或討厭某人會影響你的行為，但是你的行為也會反過來影響你的好惡嗎？你的手勢會改變你對某人的看法嗎？

這個小實驗是以密西根大學傑斯・錢德勒（Jesse Chandler）的研究為基礎。錢德勒邀請一群受測者到實驗室，告訴他們要做一個探討手勢和語言的實驗。他先叫受測者伸出中指或拇指，接著閱讀唐納和房東的故事。讀完之後，他請受測者評估自己對唐

納的好感度。結果顯示，當受測者伸出中指時，他們覺得唐納有攻擊性；當受測者伸出拇指時，他們認為唐納的個性沒那麼衝，比較討喜。

這個實驗給了我們兩個啟示。第一，在理論層面上，這個實驗證明，只要裝出某個行為幾秒鐘，就足以影響你對他人的態度。第二，從實務面來看，如果你和同事很難相處，可以試著經常對他們比出大拇指。

以裝假成真理論說服他人改變態度，這個實驗只是小小的開頭而已。

在另一個實驗中，研究人員要求學生聽一場討論，主題是學費應該提高。有些學生在聆聽討論時不斷點頭（看起來好像同意該論點似的），有些學生則不斷搖頭（看起來像不同意似的）。接著，研究人員問學生，他們覺得每年的學費應該是多少。剛剛搖頭的學生提出的金額遠低於剛剛點頭的學生。想要慫恿別人認同你嗎？你可以在對談時隱約地點頭，他們也會回應同樣的動作，莫名地認同你的想法。

在另一項實驗中，研究人員讓有些受測者坐硬木椅，有些受測者坐軟墊沙發，然後請他們角色扮演，和陌生人針對一台新車的價格討價還價，並評估那位陌生人的性格。坐硬木椅的人在講價時比較強硬，缺乏彈性，也比較不喜歡那位陌生人。總之，證據顯示，硬家具會讓人產生強硬的行為，可見居家和辦公室放置軟性家具很重要。

行為如何操弄群眾

**如果信念可以透過行為被創造，那麼信念也可以透過行為被
操弄。當行為被迫改變時，性格也會產生極大的轉變。而人
們會根據自己的行為，形成新的信念。**

一九六〇年代末期，珍·艾略特（Jane Elliott）在愛荷華州
的萊斯維爾鎮擔任小學老師。一九六八年四月四日，金恩博士遇
刺身亡，艾略特決定在班上討論種族歧視的問題。她對討論的結
果非常失望，開始思考讓學生關心這項議題的其他辦法，當晚她
設計了一個大膽的計畫。

翌日，艾略特告訴學生，藍眼珠的孩子比棕眼珠的孩子優
異，一開始許多學生對此說法抱著懷疑的態度，所以反應機靈的
艾略特編造了一些偽科學來佐證她的論點，她說藍眼睛是黑色素
沉積的結果，研究證明那個化學物質和高智商有關連。

多數學生相信了她的偽科學，接著她開始進入實驗的下一階
段。艾略特說，由於藍眼學生比較優異，他們可以享有特權，包
括中午可以多吃點食物，休息久一點，坐在教室的前排。相反
的，棕眼學生如同二等公民，只能和其他的棕眼學生玩，不准從
藍眼學生專用的飲水機喝水。為了更明顯區分棕眼和藍眼學生，
艾略特也叫他們分別戴上不同色的領巾。

突然間，「裝假成真」原理開始發威了。孩子在行為上被迫
改變後，性格也產生極大的轉變。藍眼學生變得自大、霸道，棕

眼學生變得膽怯、屈從。結果，藍眼學生在各項測試中開始表現優於棕眼學生。

幾天後，艾略特告訴學生，她弄錯了，其實是棕眼學生比藍眼學生優秀。學生的身分意識突然大逆轉，藍眼學生變得內向，棕眼學生開始武斷了起來。實驗的最後一天，她告訴學生，其實藍眼和棕眼學生之間並無差異。她設計那個實驗是想幫全班了解被歧視的感覺，她叫學生摘下領巾，許多孩子哭了起來，相互擁抱。

媒體耳聞艾略特的實臉，最後她受邀上約翰‧卡爾森（Johnny Carson）主持的《今夜秀》（The Tonight Show）節目。雖然這個實驗感動了全美各地的觀眾，然而萊斯維爾鎮的居民卻認為該實驗讓外人以為當地是種族歧視的溫床。所以，艾略特的同事都刻意疏離她，她的家人也受到當地居民的言語與肢體暴力威脅。

艾略特並未因此退縮，後續數十年，她重複那個實驗好幾次。研究的結果一再顯示，孩子的行為馬上影響了他們對彼此的看法。這些參與實驗的孩子長大以後表示，那實驗徹底顛覆了他們對社會弱勢的看法。

艾略特後來於一九八〇年代中期告別杏壇，成為全職的多元文化講師。

約莫和艾略特的實驗同一時期，另一位教師也試圖以同樣的技巧塑造小型的納粹團體。

一九六七年，二十五歲的歷史老師兼籃球教練朗‧瓊斯（Ron Jones）在加州帕羅奧圖市的高中任教。他向來對探索新

的教學方式很感興趣，為了讓學生了解納粹德國的成因，他採用了一種罕見的親身體驗法。

在一節課開始時，瓊斯暢談紀律和自制的優點。為了強調其論點，他一再要求學生坐挺、雙腳平放、雙手平放在背後。

翌日，他告訴學生合群的重要，並要求學生反覆背誦「合群才有力量」這句話。在課程結束時，他也發明一種「課堂敬禮」方式，要求學生必須舉起右手，手指彎曲。下課鐘響時，瓊斯慢慢做出這個動作，全班也以同樣的動作回禮。

第三天，瓊斯發給每位學生一張「會員卡」，要求他們招募其他學生加入新成立的組織：「第三浪潮」，他也鼓勵每位成員看到任何人公開質疑這項計畫時就向他通報。

第三浪潮成立的消息迅速傳遍整個校園，還有學生自製橫幅廣告和傳單以宣揚理念。不久，瓊斯的組織已匯集一百多位成員，很多學生都展現出專橫的特質，要求大家嚴守紀律。這時瓊斯覺得他的實驗已經失控了，決定終止該項計畫。他要求第三浪潮的所有成員到學校的禮堂集合，有重要的消息要宣布。

兩百多位學生在指定的時間齊聚於禮堂，很多人穿著白襯衫，戴著自製的臂章。瓊斯開啟投影機，讓大家看第三帝國的歷史及紐倫堡大集會的照片。放完最後一張幻燈片時，他宣布這項實驗是為了讓大家了解人的行為和信念多容易受到操縱。他向學生強調，每個人都應該為自己的行為負責，很多學生在得知事實的真相後，失聲痛哭。

瓊斯做了這個實驗幾年後，校方拒絕給他終身教職，於是後續的三十年間，他致力於寫作、演講、協助心智障礙者。小說

《浪潮》（*The Wave*）描述了他的實驗，德國許多學校把那本小說列為指定讀物。二〇〇八年，德國電影《惡魔教室》（*Die Welle*）把這個實驗搬上了大銀幕。二〇一〇年，瓊斯把他的實驗改編成一齣音樂劇。

塑造一致：第二部分

　　請以1到5為以下的敘述評分，1表示非常不同意，5表示非常同意。

敘述　　　　　　　　　　　　　　　　　　　　　　　**給分**

1. 我刷牙時不會讓水龍頭的水一直流。　　　　　1 2 3 4 5

2. 可以搭乘汽車或火車時，我鮮少選擇搭飛機。　1 2 3 4 5

3. 家裡和辦公室的燈泡大多是省電燈泡。　　　　1 2 3 4 5

4. 我把垃圾放進回收桶。　　　　　　　　　　　1 2 3 4 5

5. 可以的話，我會盡量買二手貨，而非新商品。　1 2 3 4 5

6. 我離開房間時會隨手關燈。　　　　　　　　　1 2 3 4 5

7. 我非常支持環保生活的理念。　　　　　　　　1 2 3 4 5

　　請看你給第七題的答案，接著翻回207頁，看你在第一部分給這一題的答案。根據紐約大學心理學家雪麗・柴肯（Shelly Chaiken）的研究，很可能你在第一部分給這題的分數比較低。

　　柴肯的研究顯示，「裝假成真」原理與信念之間的關係，也可以套用在人們對過去的看法上。第一部分的問卷是問你不環保的時候，例如，刷牙時不關水龍頭，或能搭火車時仍選擇搭飛機。相反的，第二部分的問卷則是問你的行為比較環保的時候，例如，你做垃圾回收，或離開房間時隨手關燈。

　　「裝假成真」原理讓人完成第一部分的問卷時心想：「我的

行為好像不太環保，所以我不支持環保生活。」第二部分的問卷則讓人心想：「我的行為看起來很環保，所以我肯定很支持環保理念。」

　　像這種提醒大家想起過去和現在行為的問卷，不只可以衡量信念，甚至可以拿來操弄信念。

幫行為找理由

「裝假成真」原理認為，人們通常會合理化自己的行為，進一步根據自己的行為，形成了新的信念。伊索寓言當中那隻吃不到葡萄說葡萄酸的狐狸，就是最好的例證。

　　二〇〇四年，美國新聞節目《六十分鐘》（*60 Minutes*）報導一則驚人的新聞：位於伊拉克的阿布格雷監獄裡，囚犯們遭到美軍可怕的虐待。根據報導，美軍對囚犯們做了許多身心上的虐待，包括毒打、強暴、折磨。全世界看到虐囚照片時都相當震驚：囚犯像狗一樣被拖來拖去、被告知即將遭到電擊、全身赤裸地堆疊在監獄的走道上。對此，美國國防部的反應是先把幾名軍人免職，之後以幾項罪名起訴多名軍人。但是有個問題依舊纏繞在大眾的腦海中，令大家百思不解：這些軍人為何會有如此殘暴的行徑？

　　「裝假成真」原理可以用來解釋這個問題。

　　伊索寓言裡有個出名的故事，內容描述狐狸在果園散步時，碰巧看到一串看似美味的葡萄高掛在枝頭上。狐狸感到口渴，於是牠後退幾步，往前助跑後，撲向葡萄，可惜搆不到。狐狸沒那麼輕易放棄，牠又試了第二次，還是搆不到。整個下午，狐狸一再撲向葡萄，但每次都失敗。最後，牠放棄了，口渴地離開果園，並說服自己其實不想吃葡萄，因為葡萄可能是酸的。

　　這個寓言不僅是「酸葡萄」的典故，更是「裝假成真」原理

的完美例子。狐狸一開始認為葡萄看起來很美味，但是當牠吃不到葡萄，被迫離開果園時，牠對葡萄已經有新的負面看法。總之，狐狸先看自己的行動，然後再想辦法創造新的想法，自圓其說。

有幾位研究人員決定探索同樣的流程是否也會影響人的信念。例如，人是否在得不到東西時，開始討厭那樣東西；東西唾手可得時，又變得格外喜歡？

在一項實驗中，研究人員請受測者先評估他們對幾項商品的喜好程度（例如咖啡機、烤三明治機、烤麵包機、收音機等等）。接著，研究人員挑出兩個評分相同的商品，拿給受測者看，請受測者選一個當禮物。接著，他們把選好的商品放入盒內，以繩子捆好，放在受測者的外套旁邊。這一切流程是為了讓受測者覺得他們可以帶那個商品回家（但實際上，研究人員的經費有限，所以實驗結束後，研究人員會討回那樣「禮物」）。最後，研究人員請受測者再次評估對那兩項商品的喜好程度。

在挑選禮物前，受測者對兩件商品同樣喜愛。不過，根據「裝假成真」原理，當人們表現出更喜歡其中一個商品時，他們會說服自己相信他們比較喜歡後來挑中的商品。實驗結果證明了這個理論：受測者突然間變得特別喜歡自己挑的商品。

在另一項實驗中，研究人員離開實驗室，前往賽馬場。他們隨機挑選一群即將下注的人，讓他們評估自己選擇的馬贏得比賽的機率，一般人通常會說他們挑的馬贏面「不錯」。接著，研究人員去找一群剛下注的人，問他們同樣的問題。一般認為，下注前後的自信程度應該差不多；但是「裝假成真」原理認為，人們

溫暖的力量

我們從小就把溫暖的感覺和安全感（試想「擁抱」和「營火」）聯想在一起，把寒冷和冷漠（試想「冷落」和「冷酷眼神」）聯想在一起。西北大學的心理學家鐘謙波（Chen-Bo Zhong）受到這個概念的啟發，決定研究被群體排擠是否真的會讓人感到一絲寒意。在一項實驗中，鐘謙波找來一群人，請其中一半想著自己被別人拒絕的經歷，請另一半人回憶自己被團隊接納的經歷。然後，他請每個人評估室溫多少。結果很明顯，剛剛回憶自己落單的人，比回憶自己獲得接納的人，覺得房間冷很多，可見孤獨的確會令人感覺更冷。鐘謙波認為，我們可能從小就開始把溫暖與融入社會聯想在一起。有父母擁抱的孩子會感覺到一種心靈的歸屬感及身體的溫暖。

既然孤獨的人容易感到寒冷，「裝假成真」原理預測：讓人的身體暖和起來，應該會覺得周遭的人比較友善。科羅拉多大學的心理學家勞倫斯・威廉斯（Lawrence Williams）證明事實的確如此。威廉斯做了一項實驗，請受測者喝熱咖啡或冷飲，然後請他們閱讀一段有關陌生人的描述，再請他們評估那個陌生人的性格。剛喝過熱咖啡的人覺得陌生人比較友善。

這個實驗的寓意很明顯：如果你想讓人感覺友善，就不要帶人去有空調的酒吧喝冰冷的雞尾酒，改在熊熊的爐火前一起喝杯熱騰騰的茶吧。

這種效果也出現在許多其他的情境中。例如，想像你去買冬天的外套，看到整排不錯的衣服，每件都很好看，你光是決定哪一件就要挑很久。但是，當你把信用卡遞給收銀員時，突然開始為自己的行為思考五花八門的理由，以證明你挑中的那件外套比其他的外套好。一瞬間，你的行為使你形成新的想法，現在你確定自己做了正確的選擇。遺憾的是，這個效果可能讓人過度自信，使政客固執地堅持失敗的政策，企業持續推廣不受歡迎的產品，投資者續抱不好的投資標的。

「裝假成真」原理不僅可以解釋為什麼行為可能導致我們過度自信，它也可以解釋為什麼有些人會去做內心深處不想做的事。

一九六○年代，杜克大學的心理學家傑克・布瑞姆（Jack Brehm）做了一項研究，探索能否運用「裝假成真」原理來改變孩子對蔬菜的看法。布瑞姆先給五十名孩子一份蔬菜清單，請他們評估對每種蔬菜的喜愛程度。幾周後，他告訴這些孩子，他想知道他們嚐過蔬菜以後，會不會對蔬菜改觀，並問他們是否願意嚐嚐一種隨機挑選的蔬菜。事實上，那蔬菜不是隨機挑選的，布瑞姆特地去市場採買孩子最討厭的蔬菜。他給每位孩子一份他們討厭的蔬菜，請他們在未來的幾周，每周吃三份。一個月後，布瑞姆追蹤這些兒童，給他們一份蔬菜清單，請他們再次評估對每種蔬菜的喜愛程度。「裝假成真」原理預測，孩子看到自己吃了討厭的蔬菜後，會說服自己其實還滿愛那樣蔬菜的，為自己的行為合理化。結果的確如此，布瑞姆的研究結論很明顯：說服人去做他不喜歡的事情，他往往最後也會說服自己那件事其實沒那

麼糟，為自己的行為找理由。

這種奇怪的現象可以解釋，為什麼立法常使大眾意見出現巨大的轉變。當英國禁止公共場所吸菸後，很多吸菸者覺得在外頭點菸更難了，於是逐漸接受反菸的態度。同樣的，英國政府立法規定乘車必須繫安全帶以後，民調顯示很多人開始覺得繫安全帶是好主意。在上述的每個例子中，一如「裝假成真」原理的預期，行為都使人接納了特定的信念。

不過，有些改變是正面的，同樣的原理也可能導致苦難。

幾年前，俄亥俄州立大學的心理學家大衛·格拉斯（David Glass）做了一個有名的實驗。格拉斯請一些人到實驗室，一次一個人，並介紹他認識另一位受測者（其實是演員假扮）。他讓受測者及演員先聊幾分鐘，接著請受測者回答幾個和剛剛那位新朋友有關的問題，例如，會不會把那個人納入自己的好友圈，或是否願意和那個人合租公寓。

接著，格拉斯採用社會心理學實驗的悠久傳統，向受測者解釋，他們兩人現在會一起做實驗，其中一人負責背一長串單字，另一人則在對方背錯時電擊他。研究人員以拋硬幣的方式來分配任務，你猜對了，每次都是真正的受測者負責施加電擊。接著，受測者進入有電擊操控裝置的房間，演員則到旁邊的房間。

兩個房間之間有對講機相連，所以受測者可以聽到演員發出的聲音。每次演員背錯單字（犯錯頻率挺高的），受測者都以為他施加了一百伏特的電擊（實際上，電擊機器並未通電，演員只是靜靜坐在隔壁享用三明治）。

受測者施展幾次電擊後，研究人員問他對自己的行為有什麼

感覺，並再次評估他對那位演員的喜愛程度。受測者可能覺得自己很壞心或只是遵照指令罷了。但是，多數受測者不願把自己想成壞人，而是以對方不好，本來就該電擊為由，來解釋自己的行為。正如「裝假成真」原理的預測，受測者根據自己的行為，形成了新的信念。在此情況下，他們表現出自己不喜歡對方的樣子，最後也相信對方就是討人厭，理當受到懲罰。

在本單元一開始，我提到美國士兵在阿布格雷監獄裡的虐囚事件。格拉斯的研究顯示，「裝假成真」原理可以用來解釋那些暴行。自尊心強的監獄守衛對囚犯稍做非法的懲罰後，他可能說服自己那些囚犯本來就是壞蛋，理當受罰。這可能讓守衛相信，即使進一步虐囚也無所謂，所以他們愈來愈覺得囚犯理當受到更嚴重的虐待。如果這種過程不及時制止，情況會急轉直下，最終造成了阿布格雷監獄裡的駭人暴行。

幸好，不是所有研究這原理對想法有何影響的實驗都那麼黑暗。在比較正面的研究方面，有些實驗顯示這個原理也可以用來拉近感情，甚至挽救生命。

魅力、同理心，與「裝假成真」原理

　　請以1到5評估你對以下敘述的認同度，1表示非常不同意，5表示非常同意。

敘述　　　　　　　　　　　　　　　　　　　　　　　　**得分**

1. 我的腳常跟著音樂打拍子。　　　　　　　　　　1 2 3 4 5
2. 看到有人孤伶伶的，我也感到難過。　　　　　　1 2 3 4 5
3. 我喜歡擁抱別人。　　　　　　　　　　　　　　1 2 3 4 5
4. 我很關心動物。　　　　　　　　　　　　　　　1 2 3 4 5
5. 我可以輕易把人逗笑。　　　　　　　　　　　　1 2 3 4 5
6. 身邊有人緊張時，我很快也會跟著焦慮起來。　　1 2 3 4 5
7. 我覺得要引人注意很簡單。　　　　　　　　　　1 2 3 4 5
8. 我看浪漫電影或聽情歌時經常落淚。　　　　　　1 2 3 4 5
9. 大家常說我是派對的靈魂人物。　　　　　　　　1 2 3 4 5
10. 我喜歡送禮並觀察對方打開禮物的臉龐。　　　　1 2 3 4 5

　　請大家舉例誰是魅力人物時，通常會聽到金恩博士、曼德拉、甘迺迪總統、歐巴馬總統等人。但是你問他們這些人具有什麼神祕特性時，大家卻很難定義那難以捉摸的特質。

　　我們都會模仿周遭人物的臉部表情及身體語言。這個過程是在不知不覺中自動發生的，而且是在一瞬間。當你看到別人微笑時，你的嘴角也會跟著上揚；同樣的，當你看到別人皺眉時，你

的眉毛也會開始皺了起來。這個過程使情緒從一個人傳給另一個人，因此激發了群體的同理心和凝聚力。

有些人天生擅長運用臉部表情、肢體語言、聲音，讓對方感染他們的情緒。加州大學心理學家霍華德・弗里曼（Howard Friedman）的研究證實，大家通常覺得那種人很有魅力。那些人能讓周圍的人感受到他們的熱情及活力，常啟動一波情緒，在人群中迅速傳播開來，並讓整屋子的人同感振奮，一次吸引數千觀眾的目光。有魅力的溝通者不用一般的說服方式，他們讓人直接感受、而不是思考，所以他們的話能直達人心。

同樣的，有些人特別擅長「感染」他人的情緒。瑞典烏普薩拉大學的柏・安德森（Per Andreasson）做了一個實驗，他先請受測者衡量自己的同理心強弱，接著讓他們看一些人的照片。照片裡，有的人很開心，有的很憤怒。那些同理心強的人看到快樂的臉龐時，嘴角的肌肉會突然動起來。相反的，自認為同理心不強的人幾乎沒什麼反應。同樣的，同理心強的人看到生氣的臉龐時，他們的眼睛馬上瞇了起來，同理心不強的人依舊無動於衷。同理心強的人表現出自己好像也感受到周圍情緒的樣子，結果真的能夠感同身受，理解別人的痛苦或歡樂。

這個單元一開始列出來的問卷，是衡量你傳送與接收情感的能力。想知道你的魅力指數，就加總奇數題的得分（第1、3、5、7、9題）。想了解你的同理心指數，就加總偶數題的得分（第2、4、6、8、10題）。

魅力指數：＿＿＿＿＿＿＿

得分介於5~15是低分；16~25是高分。

同理心指數：＿＿＿＿＿＿＿

得分介於5~15是低分；16~25是高分。

從行為建立關係

你所屬的團體感情不睦嗎？那就想辦法讓大家共同完成一件事吧。一起行動能夠創造共識，很快凝聚彼此的情感，讓關係更緊密。

　　穆扎費爾・謝里夫（Muzafer Sherif）於一九〇六年生於土耳其，他十幾歲時，目睹希土戰爭期間希臘軍隊的暴行。無辜的土耳其人民遭到搶劫、虐待和殺害，他看了相當震驚，並想了解為什麼人類有時候會出現那麼殘暴的行為。後來，他進入大學就讀心理學系，並且赴美到哈佛大學深造，在學術界享有盛名。

　　謝里夫在美期間，做了一個極具爭議性的實驗，為他青少年時期目睹的暴行尋求解答。他在實驗中也不經意地證實，「裝假成真」原理可以用來拉近人與人之間的感情。

　　謝里夫首先需要找毫無戒心的志願者參與實驗，他到幾個學校的操場上逗留，偷偷觀察那些十二歲的男孩。他想找心理狀況穩定、看起來人緣不錯、智力普通的男孩。每次他發現符合那些標準的男孩，就連忙去查那男孩的成績單、確定男孩不太會耍脾氣、出席紀錄良好。過了一段時間後，他蒐集了一份男孩名單，開始進入下一個挑選階段。謝里夫先和孩子的父母見面，解釋他想做什麼實驗，詢問他們是否願意讓他把孩子帶走三周，去做心理學實驗。最後他找來二十二名男孩，他們都不知道自己即將參與研究，以為自己是被挑中參加夏令營。

接著，謝里夫塑造一個小世界，以便操控與追蹤這些精挑細選的男孩。他找了幾個可能的地點，最後在奧克拉荷馬州找到一個偏遠的州立公園。那個公園距離最近的城鎮四十幾公里，共有兩百英畝的林地，遠離世俗塵囂，是實驗的最佳場所。

　　公園裡有兩個營地，由濃密的樹林分隔開來，看不到彼此。每個營地裡都有小木屋、餐廳、泳池和小湖。這兩個營地都可以通往一個大型的棒球場。

　　謝里夫把男孩隨機分成兩組，設法讓他們不知道對方那組的存在，接著把他們分別送往兩個營地。

　　謝里夫在實驗中，自始至終都扮演公園管理員的角色，他的研究團隊則是扮演夏令營的管理者。他們常表現出對一切事情漠不關心的樣子，但實際上，他們對孩子們的日常行為做了大量的筆記，偷偷記下他們的對話，並拍了上千張照片。

　　在實驗的第一階段，謝里夫想讓兩組男孩各自形成緊密的團體，所以安排他們參加多種團隊活動，例如，登山、打棒球、游泳等等。他也要求兩組男孩各自想一個隊名，製作隊旗。其中一組叫「響尾蛇隊」，另一組則叫「老鷹隊」。

　　謝里夫的計畫奏效了，短短幾天內，這二十二名素不相識的男孩變成兩個感情緊密的團隊。謝里夫對此很滿意，於是進入研究的第二階段：製造仇恨的實驗。

　　某天早上，研究人員讓響尾蛇隊知道老鷹隊的存在，也讓老鷹隊知道響尾蛇隊的存在。兩隊都很愛打棒球，都覺得自己有獨享棒球場的權力，把棒球場視為己有。研究人員決定利用這個情況製造兩隊的競爭，所以分別告訴兩隊，對方也在使用球場。兩

隊都覺得受到威脅，都說他們想用某種比賽形式，挑戰對方。研究人員建議他們以拔河或棒球賽的方式分勝負，還說獲勝的那一隊可以得到獎牌和獎盃。

第二天，兩隊都同意進行棒球賽，比賽從一開始就充滿火藥味。老鷹隊揮舞著旗幟進場，一邊唱著帶有挑釁意味的《洛城警探》（*Dragnet*）主題曲。比賽一開始，老鷹隊就開始大喊：「我們的投手比你們棒」，這使得響尾蛇隊也開始辱罵對方。老鷹隊不滿對方罵他們「胖子」和「肥仔」，掏出火柴，放火燒響尾蛇隊的旗幟。響尾蛇隊當然不滿旗子遭到焚毀，決定先回營，計畫突襲老鷹隊的營地。

當晚十點三十分，響尾蛇隊把臉和手臂塗黑，突襲老鷹隊的營地。幾分鐘後，老鷹隊聽到床鋪翻覆及蚊帳扯落窗戶的聲音，從睡夢中醒來。他們相當憤怒，決定當晚稍後展開反擊，但是研究人員看到老鷹隊打算以石頭當武器時，禁止他們攻擊。機靈的老鷹隊答應取消夜晚突襲的計畫，改在隔天早上發動報復突襲。他們帶著棍棒，洗劫響尾蛇隊的小木屋，接著回到自己的小木屋，在襪子裡裝滿石頭，為可能的反擊做好準備。

才短短幾天，原本平和的營地變得跟威廉·高汀（William Golding）的小說《蒼蠅王》（*The Lord of Flies*）裡的場景一樣。謝里夫之前小心挑選過男孩，因此排除了男孩發生精神異常的可能性。不過，他後來指出，如果有人在實驗的這個階段觀察這些男孩，可能會推論這些孩子是一群「邪惡、焦躁、墮落的青少年」。

為什麼會出現這麼誇張的轉變？謝里夫的實驗想證明，某些

情況是否會讓原本冷靜正常的人變得充滿攻擊性。在實驗開始以前，他曾經研究希臘軍隊在入侵土耳其時的暴行，他覺得多數暴行是源自於雙方有強烈的民族認同感及爭搶有限的資源。為了驗證他的假設，謝里夫在實驗中塑造縮小版的相同情境。他讓那些男孩先在團隊裡培養深厚的感情，然後再讓他們相互競爭棒球場。等情況亂成一團時，雙方迅速展開連串的報復行動。謝里夫認為，不管雙方爭的是土地、權力、金錢或工作，同樣的流程都會迅速讓雙方變得誓不兩立。

實驗引發的相互攻擊令謝里夫感到不安，於是他決定進入實驗的最後階段：建立感情的實驗。

在這個階段之初，研究人員請男孩描述自己團隊及對方團隊成員的特質。孩子們通常會覺得自己團隊的人勇敢、堅強；對方團隊的人狡猾、不可靠。

謝里夫一開始想知道，持續對孩子提供資訊轟炸，是否能改變他們對彼此的看法。所以，他要求兩隊參加周日的宗教禮拜活動，請牧師在布道會中特別強調寬恕、合作和友愛。男孩悄悄地離開布道現場，不久就開始計畫攻擊對方。

既然資訊轟炸無效，謝里夫改採另一種方法，探索相互幫助的影響。

人們覺得彼此關係密切時，通常會一致行動。宗教信仰相同的人會一起禱告、軍隊會齊步走、球迷齊聲為熱愛的隊伍加油、參加政治集會的人會為演講鼓掌。但是，表現出你是團隊的一分子，也可以讓人緊密相連嗎？

為了找出答案，謝里夫偽造了連串的緊急狀況，鼓勵兩隊並

肩合作，例如，有一次他告訴兩隊，有人破壞水源，他們需要合力解決問題。實際上沒人蓄意破壞水源，研究人員自己搬了兩大塊石頭，堵在水源區。兩隊知道有水喝對雙方都有利，所以合力搬開那兩塊大石頭。

又有一次，某位夏令營的工作人員（其實是研究團隊的成員）說他要開車到附近的城鎮，幫兩隊採買一些好吃的東西，但是他的車突然故障了，需要兩隊一起幫忙啟動那台車。

結果相當驚人，短短幾天內，兩隊之間的仇恨幾乎已經完全消失了，他們開始培養出緊密的關係。夏令營的最後一晚，一位老鷹隊的成員拿出烏克麗麗，為響尾蛇隊演奏歌曲。響尾蛇隊的成員則是模仿唐老鴨作為回禮。謝里夫在研究紀錄中寫道：「……那個表演贏得大家的讚賞。」

謝里夫實驗的最後階段顯示，「裝假成真」原理可以讓人消除對彼此的成見。他讓老鷹隊與響尾蛇隊合作，使雙方得以用比較正面的方式看待彼此。

一名研究人員受到這個實驗的啟發，開始探索在現實生活中是否也能用同樣的效果拉近孩子之間的感情。

行動一致讓關係更緊密

想讓團隊迅速凝聚情感，信念一致嗎？就讓他們一起行動吧。

幾年前，史丹福大學的史考特・威特幕斯（Scott Wiltermuth）和奇普・希思（Chip Heath）找來一群學生，每三人一組。他們請有些小組在校園裡正常地漫步，有的小組則是排成小隊，循著同樣的路線齊步走。在實驗的另一部分，他們請其中幾組學生聽國歌，請另外幾組學生跟著音樂歌唱及舞動身子。接著，研究人員讓每組學生玩棋盤遊戲，他們可以選擇幫助對方或妨礙對方。那些齊步走及一起唱歌的學生很快就凝聚了情感，比較可能在遊戲中幫助彼此。

關係密切的人通常行動一致。同樣的，行動一致也能讓關係更緊密。

用行為促進種族和諧

　　一九七〇年代初期，德州一所學校的校長找上德州大學的心理學家艾略特‧亞隆森（Elliot Aronson）。校長解釋奧斯丁市有很多學校最近都廢除了種族隔離，所以很多種族背景不同的學生第一次同堂上課。遺憾的是，不同種族間根深柢固的懷疑和不信任，導致班上的氣氛充滿敵意，甚至出現暴力。

　　校長請教亞隆森，有沒有什麼辦法可以解決這個問題。亞隆森參訪了幾所學校，發現這些學校大多在學生之間營造激烈競爭的氛圍。就像謝里夫在老鷹隊和響尾蛇隊之間製造衝突，讓他們為了爭奪棒球場的所有權而對立；學校的老師也不自覺地鼓勵班上學生相互競爭，追求好成績。亞隆森注意到謝里夫在實驗中讓男孩子通力合作，培養出情感；而亞隆森也根據這個方法，發明了一種新的學習方法，後來大家稱之為「拼圖法」（Jigsaw Method）。

　　想像一下，老師想讓學生了解金恩博士的生平及理念。一開始他先把學生分成小組，每五、六人一組，確保每組中包含多元的性別、種族、能力。接著，老師把課程分成好幾部分。以金恩博士為例，老師把學習內容分為童年時期、其他領導者對他的影響、他早期的抗議行動、他的崛起、遇刺身亡及典範傳承。

　　接著，他要求每組的每位學生只學習其中一部分。等學生花一段時間研究相關的資訊後，老師又重新分組，把研究同一內容的學生湊在一起。接著，學生在新組中討論他們學到什麼。例如，某組學生可能一起分享金恩博士的早年生涯，另一組可能一起討論他的典範傳承。討論結束後，學生回到原組，向原組的同

學報告自己所學。課程最後，老師給大家一個小考，讓學生知道自己學到了什麼、沒學到什麼。

亞隆森把拼圖法導入幾個隨機挑選的班級中，這些班級雖然只花一點點時間使用這種學習法，但是他們很快就大幅削減了偏見，也變得更有自信。不僅如此，使用這種學習法的學生曠課率下降，期末考成績也比較好。

亞隆森在他影響深遠的著作《社會心理學概論》（*The Social Animal*）裡，討論拼圖法對墨裔美籍學生卡洛斯的影響。實驗時，卡洛斯的英語說得不好，長期在種族隔離、環境惡劣的學校裡學習，讓他變得非常內向，缺乏安全感。卡洛斯接觸拼圖法學習時，不得不對組員說話。他結結巴巴地說，其他的組員開始嘲笑他。研究人員聽到孩子對他的嘲笑後，指導學生把注意力放在合作上。他告訴學生，如果他們想在考試時考出好成績，就需要幫助卡洛斯對團體發言。幾周後，卡洛斯的組員變成有技巧的提問者，學會如何問好問題，引導卡洛斯清楚地回答。總之，他們表現出喜歡卡洛斯的樣子，他很快就融入團隊中，自信提升了，成績也進步了。

多年後，卡洛斯讀到亞隆森的著作，認出書中提到的是自己。那時哈佛法學院剛錄取卡洛斯入學，他寫信給亞隆森，回憶當時他來學校的情況（「你很高……留著黑色的大鬍子，很幽默，逗得我們哈哈大笑。」），以及拼圖法如何讓學生化敵為友。在那封信的最後一段，卡洛斯解釋他為什麼要寫信給亞隆森：

我母親告訴我，我出生時差點喪命。我是在家裡出生的，出生時臍帶纏住脖子，助產士為我做了人工呼吸，救了我一命。如果她還活著，我也會寫信給她，告訴她我長大後聰明又健康，我即將上法學院了。不過，幾年前她過世了。我之所以寫信給您，是因為您跟她一樣，也救了我一命。

CHAPTER 6

行為改變自我

- 學習如何提升自信。
- 改變個性。
- 延緩老化。

「沒有人能長期維持人前一套，人後一套，而不相互混淆。」

——納撒尼爾・霍桑（Nathaniel Hawthorne）

行為與性格的關係

「裝假成真」原理認為行為可以創造情緒、思想、意志力，
這表示你可以隨心所欲地改變性格。例如，只要改變行為的
方式，就能馬上讓個性變得不是那麼衝，顯得格外有親和力
和有自信。

　　想像一下，你去面試，面試官請你以三個形容詞歸納你的性
格特點，你會怎麼說？你會說自己外向，還是內向？有創意，還
是踏實？積極進取，還是悠哉自在？如果面試官問你，是什麼造
就了現在的你，你會怎麼回答？你會說現在的性格是先天的，還
是兒時經歷或成年後發生的事件造成的？

　　世界上有許多卓越的思想家都在苦思這些議題。維多利亞時
代的科學家高爾頓男爵認為，仔細研究顱骨的凸起及鼻子的形
狀，就能判斷一個人的性格。佛洛伊德認為高爾頓的方法很奇
怪，他主張童年從身體孔洞獲得的樂趣，決定一個人的性格（所
以有所謂的「口型人」和「肛型人」）。心理學家榮格覺得，高
爾頓和佛洛伊德都錯得離譜，他認為性格是由出生時的星象位置
決定的。

　　或許我們也不意外，當代的心理學家大多不會根據顱骨的凸
起、對身體孔洞的偏好或星座來分類人格類型，而是看你的主要
性格特質。

　　幾千年前，傑出的希臘哲學家希波克拉底（Hippocrates）提

出兩個有趣的想法。第一，他覺得所有的醫生都應該許下「希波克拉底醫師誓詞」，發誓永遠以病患的利益為最大考量。第二，他推測，人體內四種體液（血液、黏液、黑膽汁、黃膽汁）的不同含量，使人發展出四種不同的性格：「憂鬱」（焦慮的內向者）、「冷靜」（放鬆的內向者）、「樂觀」（放鬆的外向者）、「急躁」（焦慮的外向者）。希波克拉底的「體液說」迅速退了流行，但是想以簡單架構歸納複雜性格的想法卻延續至今。

一九三〇年代，哈佛心理學家高登·奧爾波特（Gordon Allport）讀到希波克拉底的作品，他想知道科學能否揭開性格架構之謎。他辛勤地翻閱字典，抄下可用來形容性格的所有形容詞。找出約四千個字後，連認真的奧爾波特也受不了了，他把工作交給熱心的同事雷蒙·卡特爾（Raymond Cattell）接手。卡特爾仔細研究奧爾波特記下的字串，刪除描述同樣性格的詞彙，最後得出約一百七十個關鍵形容詞。

研究團隊請數千人用這些用語來衡量自己的性格，接著用複雜的統計方法「因素分析法」來分析資料的架構。結果顯示，希波克拉底把性格分為四類是錯的。事實上，人的性格有幾個「面向」，每個人的性格多多少少都有各種面向。例如，不是每個人都可以斷然二分成內向或外向，而是漸層的，一端是「太好了，歡樂時間到了！」，另一端是「天啊，我寧願待在家裡看書」。每種基本的性格面向稱為「特質」（trait）。

後續的五十年，心理學家對於需要多少特質才能充分描述一個人的性格，始終爭論不休。例如，卡特爾認為核心特質有十六

種，英國心理學家漢斯・艾森克（Hans Eysenck）認為只有三種。一九九〇年代初期，研究人員大多同意採取折衷的方法，以六種基本的面向為基礎：「開放」（渴望罕見的新經驗）、「盡責」（組織能力和自律）、「外向」（需要外界和他人的刺激）、「親和力」（關懷他人）、「神經質」（情緒不穩）、「數盲」（連基本算數都有困難）。

許多研究人員認為，你在這六種性格面向的得分，有部分是歸因於先天的基因。以「內向—外向」這個面向為例，傳統的性格理論認為，你的DNA創造一個大腦，裡面有預設的激發程度（arousal），就像你打開新買的電視有預設的音量一樣。如果你是內向的人，大腦的預設激發程度較高，所以你會避免讓已經受到刺激的大腦更加興奮。因此，無論你處於任何情境，你都會盡量避免亮光喧鬧的人群，比較會選擇安靜的活動，例如閱讀或輕聲聊天。如果你是外向的人，大腦的預設激發程度較低，所以你需要持續的刺激。因此，無論你處在什麼情境，你都會受到大團體的刺激效果以及冒險與衝動行為所吸引。

這種觀點認為，人的性格是大腦先天的設計，讓你在許多不同的情況下做出同樣的行為，一輩子都不會改變。雖然這一切聽起來很合理，但事實並非如此。

對於上述主張（性格讓人在許多不同的情境下展現相同的行為），心理學家一再測試這個概念是否正確。例如，在一項研究中，研究人員請夏令營的輔導員偷偷記錄男孩展現多種外向行為的程度（例如，吃飯時說話、引人關注、主動談話）。接著，研究人員比較男孩在奇數日和偶數日的外向表現，仔細分析那些資

料。「性格決定行為」的理論預測，男孩的行為應該有高度的一致性：外向的青少年經常聊天，內向者一直躲在角落。事實上，研究結果並未顯示這種一致性；男孩可能某天精力旺盛，講個不停，隔天卻默不出聲，內向自閉。

在另一項實驗中，心理學家造訪幾所學校，設計很真實的情境來測驗學生的誠實度。研究小組讓孩子們有機會偷走桌上的錢，然後謊稱自己沒拿，之後又給他們機會竄改考試成績。他們偷偷記下每位孩子的行為，再比較不同情境下的行為。「性格決定行為」的理論預測，偷錢的孩子可能也會說謊和竄改成績，但研究結果並未出現那樣的一致性。孩子可能在某個情境下不誠實，但是在另一情境下又相當正直。

研究人員推翻「性格決定行為」的理論後，有些人開始開發全然不同的人性論點。

在前幾章中，我以大量的研究證明行為可以創造情緒、思想、意志力；微笑讓你更快樂、握手讓人覺得你更有吸引力、繃緊肌肉可以提升自制力。有些研究人員受到這些實驗的啟發，想知道同樣的流程是否也可以解釋行為和性格之間的關係。也就是說，不是性格導致你展現特定的行為，有沒有可能是行為導致你衍生某種性格？

一般認為的因果關係如下：

外向性格→外向行為

「裝假成真」原理認為實際的情況如下：

外向行為→外向性格

　　如果這種顛覆性的性格理論是真的，這表示你可以隨心所欲地改變性格。例如，只要改變行為的方式，就能馬上讓個性變得不是那麼衝，顯得格外有親和力，更有自信。

　　過去四十年，研究人員實驗「裝假成真」原理是否能讓你變成全新自我。以下我們探索現實版「比馬龍」（Pygmalion。比馬龍是希臘神話中的雕刻家，愛上自己雕出的少女像。他的真摯感情感動了愛神阿芙達，她使石雕少女化為真人，成為比馬龍的太太。用來引喻精誠所至，金石為開。）的旅程，就從一個不尋常的實驗開始，這個實驗用到一套砝碼和幾隻蚯蚓。

如何變得更有自信

想提升自信心，首先要先表現出很有自信的樣子。研究結果顯示表現出強勢姿態的人，會覺得自己比較強大，而在行事上更能呈現出較積極與果敢。

　　你相信自己的判斷嗎？即使有人質疑你的決定，你還是堅信自己判斷沒錯嗎？你能忘掉過錯，不再過度擔心未來會怎樣嗎？你覺得自己在多數情況下都會表現不錯嗎？如果你對上述幾題的回應都是「是」，你可能很有自信；如果你的回答中有好幾個「否」，你可能有點缺乏信心。

　　傳統的「性格決定行為」理論主張，自信低有幾個缺點，例如，慣於忍受羞辱和不堪。但是，「裝假成真」原理顛覆了這個論點，它主張，人不是因為自信低才忍受羞辱，而是因為隱忍羞辱才讓人自信低落。於是，心理學家萊爾德開始以研究驗證這個論點是否屬實。

　　第一章中，我提過萊爾德做了第一個實驗，驗證「裝假成真」原理，發現微笑可以讓人快樂起來。那次實驗的成功讓他大受鼓舞，後續的學術生涯都致力探索這個原理的威力。

　　想像你報名參加萊爾德的實驗，你進到他的實驗室，填寫一份評估自信的問卷。填好後，研究人員把你帶到另一個房間，請你坐在一張小桌子前。桌上有烹飪用的秤重砝碼、刀子、叉子，和一隻活蚯蚓。研究人員開始解釋兩項任務，你必須完成其中任

何一項才行。其一是拿起每個砝碼，照重量排序；其二是切斷蚯蚓，吃了牠。

接著，研究人員拋出硬幣，並且告訴你，很不幸的，你抽到的任務是吃蚯蚓。你盯著眼前蠕動的蚯蚓，在你吃掉蚯蚓之前，研究人員會先請你填寫第二份自信問卷。

這個實驗的設計，是為了探索「裝假成真」原理是否也能套用在自信上。萊爾德認為，如果受測者覺得自己會做這個貶抑自己的行徑（亦即表現出自信低落的樣子），他們可能覺得自己的確缺乏自信。結果一如預期，吃蚯蚓的人自信崩潰了。正如微笑讓人快樂一樣，忍受屈辱行動也讓他們自信低落。

但是實驗並未就此結束。想像你填完第二份問卷後，正拿起刀叉，準備吃蚯蚓了。研究人員急忙衝過來告訴你，他搞錯了，你應該有權選擇做哪個任務。你會選擇繼續吃蚯蚓？還是改排砝碼？

萊爾德知道，自信低落的人常認為他們碰到糟糕的經驗是注定的。他想知道實驗室激發的自信低落會不會改變人的行為。被隨機分配到排砝碼的受測者中，沒有一個人改吃蚯蚓。但是，驚人的是，被隨機分配到吃蚯蚓的人中，竟然只有20%選擇改排砝碼。即使這些人現在可以選擇做比較輕鬆的任務，但實驗造成的自信低落使他們大多還是選擇吃蚯蚓。（不過，受測者正要吃時，研究人員連忙衝過去制止他們並終止實驗）。

萊爾德發表研究結果時，一些心理學家批評他的實驗方法，他們覺得受測者可能只是角色扮演，深知研究人員不會讓他們真的吃下蚯蚓。於是，其他研究人員又重複實驗一次，這次改用可

食用的大毛蟲。這次，他們真的讓受測者吃下毛蟲，實驗結果跟萊爾德的實驗一樣。

這個效應解釋了為什麼意外遭遇不幸的人常常自信低落，甚至怪罪自己。意外遇上暴力攻擊的人常會覺得遇到襲擊都怪自己不好；罹患絕症的人常納悶自己究竟做錯了什麼，才導致運氣那麼背。「裝假成真」原理預測，他們的自我認同感是被迫忍受不幸事件的直接結果。

不幸的是，這個流程一旦啟動，就會繼續下去。自信低落的人會忍受更多的負面事件，使他們的自信又更加低落。幸好，同一原理也可以用來迅速提升自尊心和自信。

姿態變強勢，性格跟著堅強

多數改善自信的課程，是以下面的概念為基礎：自信低落是因為看待自己的方式有問題。所以他們鼓勵受測者把焦點放在過去做得很好的事情上，或想像自己變得更堅定、更有自信。相反的，「裝假成真」原理則認為，改變行為的效果更快，也更有效。

在早期的一項研究中，研究人員找來一群受測者，假裝請他們測試新開發的塑膠眼鏡對人的感知力有沒有影響。受測者分成兩組，研究人員要求兩組做一樣的智商測驗和性格測驗，其中一半是以正常的方式完成測試，另一半則是戴上平光鏡片的眼鏡做測試。由於我們常把眼鏡和智慧聯想在一起，研究人員預測，光是戴上眼鏡，就會讓人突然覺得更有自信、更聰明。結果的確如此，儘管兩組的智力測驗成績差不多，但是戴眼鏡的受測者覺得

自己比較穩定、能幹、有學問。

另外，姿勢也會產生影響。哥倫比亞大學的研究人員戴娜·卡尼（Dana Carney）知道，自信的人通常自我感覺良好，比較願意冒險，體內睪固酮（攸關控制力的化學物質）的濃度較高，皮質醇（攸關壓力的化學物質）的濃度較低。卡尼想知道，讓一些人表現出強勢的樣子會發生什麼事？為了找出答案，卡尼和同事找來一群受測者，告訴他們是來幫忙評估新的心臟追蹤系統，並把他們分成兩組。

其中一組受測者擺出下面的強勢姿態（見下圖）。有些人是坐在桌邊，把腳翹到桌面上，把頭抬高，手臂交叉放在後腦杓；另一些人是站在桌邊，身子前傾，手掌撐在桌面上。

另一組受測者則擺出不強勢的姿勢（見下頁圖）。有些人坐著，腳平放在地上，雙手放在大腿上，眼睛看著地面。另一些人

是雙臂交叉，雙腳也交叉。

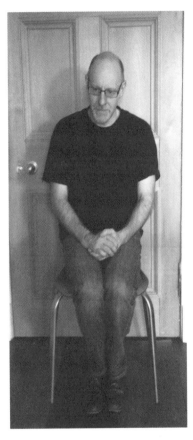

　　受測者擺出上述姿勢一分鐘後，研究人員請他們評估自己感覺有多「強大」。那姿勢對他們的自信產生了很大的影響。擺出強勢姿態的人覺得自己比較強大，但效果不只這樣而已。

接著，研究人員請受測者做冒險測試，給他們兩美元，告訴他們可以把錢留著，或拋硬幣賭博。如果拋硬幣時受測者贏了，他可以得到加倍的錢（亦即四美元）；萬一輸了，就空手而歸。結果跟「強勢姿態讓人更願意冒險」的假設相符，剛剛擺出強勢姿態的人中，有80%決定賭博，另一組願意賭博的人只有60%。

在實驗的最後階段，研究人員把注意力轉向受測者血管中流動的化學物質。他們叫受測者擺出姿勢之前和之後，分別把唾液吐到試管中。研究人員分析唾液後，發現剛剛擺出強勢姿態的受測者，睪固酮濃度上升了，皮質醇濃度降低了。總之，表現出強勢的樣子僅短短一分鐘，就改變了他們體內的化學成分。

如果你沒時間擺出強勢姿態，握緊拳頭也可以。心理學家湯瑪斯‧舒伯特（Thomas Schubert）請一群人評估自己的自信度，接著以玩剪刀石頭布為由，請受測者握拳幾秒鐘，之後再評估自信度。結果受測者的行為影響了他們的大腦，剛剛握拳片刻讓他們的信心大增了。

提升信心的訣竅

　　這個練習需要用到一支筆、一張紙，以及你的雙手。

　　第一，以1到7評估你的自信程度。1表示毫無自信，7表示非常有自信。

　　第二，從下列的形容詞中，挑三個反映你最佳特質的形容詞，三個反映你最糟特質的形容詞。

　　忠誠，親切，冷漠，有抱負，不積極，神祕，關愛，無情，開心，暴躁，貼心，粗心，合作，難搞，勇敢，粗魯，優柔寡斷，熱情，冷淡，靈活，固執，記仇，專注，節儉，慷慨，感恩，努力，懶惰，誠實，欺騙，謙遜，自大，嫉妒，不成熟，低調，樂觀，悲觀，守時，自信，不安，真誠，雜亂，自命不凡，浮誇。

　　第三，以你非慣用的手拿筆，慢慢寫下你剛剛挑選的三個負面特質。

　　第四，以你慣用的手拿筆，慢慢寫下你剛才挑選的三個正面特質。

　　第五，現在以1到7評估你的自信程度，1表示毫無自信，7表示非常有自信。

　　這麼做讓你感覺更有自信了嗎？

這個練習是根據馬德里自治大學的心理學家帕布羅・布里諾（Pablo Briñol）的實驗設計的。布里諾騙受測者是參加筆跡研究，請他們以慣用的手及非慣用的手寫下最好及最糟的特質。寫完後請所有的受測者評估自己的自信度。

　　研究人員知道，受測者用非慣用的手寫字時，他們會看到自己的筆跡歪七扭八，那行為就像對那些字沒信心似的，所以研究人員推測，用非慣用手寫負面特質會降低受測者的信心，用慣用手寫正面特質，則會讓他們更有信心，並因而受到激勵。實驗結果的確是如此。

　　如果你想快速有效地提高自信，寫字可以幫你達到。

衣著對性格的影響

我們經常根據他人的衣著對別人進行判斷，這些觀感差異經常導致我們出現不同的行為。例如，穿上俐落的套裝後，你會覺得自己比較幹練，可以幫你表現得更好。

　　約翰‧霍華德‧格里芬（John Howard Griffin）的一生相當不同凡響。一九二〇年生於德州，年輕時他到歐洲，受訓成為音樂學者，專長是格雷果聖歌（Gregorian Chant。中世紀早期的宗教與世俗音樂，現在的天主教儀式音樂。無伴奏、單一聲部旋律、無固定節奏、音域不寬、由男聲獨唱或齊唱；歌詞取材於聖經的內容與聖徒的著作，語言為拉丁文。）。二次大戰爆發時，他參與法國抵抗運動，幫忙奧地利的猶太人偷渡到安全的地方。戰爭結束後，他回到美國，成為調查記者，他決定報導美國南部各州黑人的生活困境。

　　不過，他不只報導種族歧視的問題，更決定展開一個非比尋常的實驗，以便親身體驗。他和一位專業的皮膚科醫生合作，使用人工色素、藥物、日光燈照射法，把他的白皮膚變黑。變色完成後，他剃了頭髮，因此在一般人的眼中，他看起來跟黑人沒什麼兩樣。接著，他以搭公車或搭便車的方式，遊歷美國南部幾州，親身體會黑人平日感受到的仇恨和歧視。

　　後來他把實驗過程寫成一本書，在那本暢銷書的一開始，他描述變色完成後他照鏡子的情況，生動地描述鏡中影像對其自我

意識的影響：

> 我本來預期看到自己喬裝的模樣，但完全不是那麼回事。我像被困在一個全然陌生的皮囊裡，一個和我毫無共鳴，也沒有親屬關係的皮囊裡……我望著鏡子，看不出絲毫白人格里芬的過往。不，鏡中的影像讓我回到了非洲，回到了簡陋的小屋和貧民區，回到了對抗種族隔離的徒勞抗爭……我竄改了存在感的祕密，失去了自我。這讓我感到驚愕，以前的格里芬已經隱於無形。

格里芬改變膚色後，感覺自己變成了另一個人。在這之前，他照鏡子時都是看到白種人。假設膚色是自我意識的重要部分，他會認為自己具備和他的外貌息息相關的背景和性格特質。在徹底改變膚色之後，他覺得自己像個黑人，並在潛意識裡用那個新樣貌來構建新的身分意識。幾秒鐘內，他就感受到原來的自我被摧毀，而新的自我成形了。

大部分的人不太可能跟隨格里芬的腳步，改變自己的膚色。不過，同樣的原理也適用在一種更容易改變的東西上，那就是你的衣裝。我們經常根據他人的衣著對別人進行判斷。看到一個穿著昂貴西裝的男人，你會不自覺地認為他是位成功幹練的人士；看到同一個人穿著土耳其花稍長衫，你可能會覺得他應該很有創意；而看到有人穿著大鞋、寬鬆褲子，戴著紅鼻子，你會猜他可能是個小丑。

這些觀感差異常導致我們出現不同的行為。例如，南布列塔

尼大學的蓋岡讓一些男人穿上便服或消防隊的制服，請他們上街隨機接近兩百位女性。每次，在他們吸引了女性的關注後，就講同一套事先準備好的臺詞：

你好，我叫安東尼。我只是想告訴妳，我覺得妳很美。因為今天下午要上班，不知道能不能給我妳的電話號碼。今天晚一點再打電話給妳，我們可以一起去喝一杯。

蓋岡仔細分析願意給出電話號碼的女性比例，發現制服有很大的效果。當男士穿便服時，只有8%的女性給出電話。但是同一批男士換上消防隊的制服時，比例馬上增加為22%。

在另一個類似的實驗中，雪城大學的約翰・馬歇爾・湯森（John Marshall Townsend）請同一群演員穿上漢堡王的制服或西裝，幫他們拍照，之後把他們的照片拿給女性看，請女性評估是否願意和照片中的男性發生性關係。正所謂佛要金裝，人要衣裝，較多的女性表示她們願意和穿著西裝的男士發生關係。

其他的實驗顯示，即使是小小的改變，也可能產生巨大的效果。在一個實驗中，一位心理學家喬裝成市調員，接近不同的人，問他們是否願意參與市調。這位心理學家有一半時間打著領帶，剩下一半的時間沒打領帶，光是這個小小的變化就產生了巨大的影響。他打領帶時，九成以上的人願意參與市調；他不打領帶時，只有三成的人願意參與。

既然一個人的衣著能明顯影響我們對他的觀感，你穿的衣服會不會也影響你對自己的看法？多數支持「性格決定行為」理論

的人認為，你的自我意識是長年逐漸發展出來的，換件新襯衫或換雙鞋子只是暫時性的改變，不會影響你的自我意識；然而「裝假成真」原理認為，打扮成某種人會影響你的自我意識。為了證明哪個理論正確，康乃爾大學的馬克‧法蘭克（Mark Frank）做了一系列奇怪的研究。

法蘭克知道，一般人通常把黑衣服和權威及兇狠的行為聯想在一起。他想知道，光是穿上黑色的衣服，是否能夠改變人的行為。他很幸運，有現成的資料可以拿來驗證這個假設。他查遍了美式足球聯盟的數據，比較穿著黑色球衣的隊伍和其他隊伍的資料。他找到五支穿黑衣的球隊，包括洛杉磯突擊者隊、匹茲堡鋼人隊、辛辛那提孟加拉虎隊，開始觀察他們在球場上的表現。

在美式足球中，犯規會受到懲罰，犯規的隊伍要退後五碼、十碼或十五碼。法蘭克計算每隊在每場比賽中後退的平均碼數，發現一個明顯的現象：穿黑色球衣的隊伍犯規後退的碼數多出許多，可見他們在球場上的行為格外兇狠。

這個結果令法蘭克大受鼓舞，他繼續研究北美冰上曲棍球聯盟的資料，一樣是比較穿黑色球衣的隊伍和其他隊伍的表現。在曲棍球賽中，犯規者因犯規的嚴重程度不同，可能被罰下場兩分鐘、五分鐘或十分鐘。法蘭克發現穿黑色球衣的球員下場坐冷板凳的時間長了很多。

曲棍球賽的資料也讓法蘭克有機會對他的假設做一個特別巧妙的研究。匹茲堡企鵝隊和溫哥華加人隊剛好把球隊的衣服換成黑色，顏色一改後，「穿黑衣會變得兇狠」的效果就出現了。在更換顏色前，兩隊的球員較少犯規坐冷板凳。但是換成黑球衣

後，幾乎成了冷板凳的常客。

多數的研究人員可能研究到這裡就止步了，但法蘭克知道其他的研究人員可能會質疑他的想法，他們可能認為是黑色隊服吸引了兇狠的人，解決這個問題的唯一方法就是做實驗。他找來一批自願受測者，把他們隨機分成兩組，一組穿黑衣，另一組穿白衣。接著，他告訴黑白兩組，他們會再細分成小組，玩不同的遊戲。他們提供受測者一份遊戲清單，問他們想玩什麼，受測者並不知道研究人員特地挑選了攻擊性不同的遊戲。有些遊戲的攻擊性較高（例如，鏢槍決鬥），有些遊戲比較平和（例如，推球入洞比賽）。結果黑衣受測者挑的遊戲比白衣受測者的更具攻擊性。

其他的研究顯示，這種效應並非黑白之分那麼簡單。

阿肯色州立大學的羅伯·強森（Robert Johnson）做了另一個實驗，他找來一群受測者，告訴他們有機會對別人施加電擊。研究人員說明，每位受測者在施加電擊前要先拍照，但是拍照時必須蓋住他們的衣服。要如何蓋住呢？研究人員帶了兩套衣服過來，一半的受測者是穿類似3K黨的衣服，研究人員對此還會嘟囔著解釋：「我不是裁縫師，所以這件衣服做得跟3K黨的衣服有點像。」相反的，另一半受測者是穿著類似護士的衣服（「我運氣不錯，醫院借我這些護士袍做實驗。」）。

實驗的下一階段，研究人員告訴受測者，隔壁房間有個人在學習一串新字，只要他一犯錯，就對他施加電擊。其實隔壁房間裡的人是演員，電擊裝置也是假的。受測者聽到隔壁的人犯錯時，他可以選擇增強或減弱電擊。結果一如「裝假成真」原理的

預期，穿3K黨服裝的人施加的電擊比穿護士服的人強很多。

同樣的現象也發生在實驗室外。一九六九年，加州門洛派克市的警方決定廢除深藍色軍裝風格的制服，改換比較輕鬆的裝扮，以增進警方和社區之間的關係。警察改穿綠色夾克、黑色休閒褲、白色襯衫、打黑色領帶、槍枝藏在外套裡。消息很快傳播開來，其他四百多個警察單位也跟進改換成同樣的輕裝。實驗十八個月後，研究人員請警察做多項測試。結果顯示，當警察移除權力象徵時，他們逐漸換上「公僕」的新角色。對應這個新身分，警察也比穿正式制服的同儕展現較少的威權特質。同一期間，警察傷民的案件少了一半。

實驗的結果很明顯：你的穿著直接影響你對自己的認定。穿上黑衣服，你變得專橫、兇狠；穿上比較舒服的衣服，你會變得比較寬容、樂善好施。多年來，心理學家一直建議求職者，遇到重要的面試時，一定要穿戴正式，因為俐落的衣著可以讓面試官留下好印象。「裝假成真」原理顯示，正式服裝可以產生深遠的影響，對應徵者本身的效果或許更大。穿上俐落的套裝後，你會覺得自己比較能幹，可以幫你表現得更好。不僅佛要金裝，人要衣裝，每個男人、女人、小孩都很需要。

行動愈隨興，愈能發揮創意

想馬上變得更有創意嗎？試試以下的兩階段實驗吧。

首先，請盡可能想出鉛筆的各種用途，例如，你可以把鉛筆當成魔法棒或暗樺來使用。不過，在寫下答案之前，先在房間裡走一分鐘，走的路線務必是方形或箱型（也就是說，走直線，然後轉直角繼續走）。

現在，花六十秒寫下你想出的鉛筆用途：

....

....

....

....

....

....

....

在實驗的第二部分，請盡量思考紙的各種用途。例如，你可以把紙摺成帽子或門檔。不過，在你寫下答案之前，先在房間裡走一分鐘，但這次的路線要比上次更曲折多變（也就是說，避免走直線，你可以走其他任何形狀）。

　　現在，花六十秒寫下你想出的紙張用途：

　　新加坡管理大學的安琪拉・梁（Angela Leung）和同事做的研究顯示，行為會直接影響你的創意。在一項實驗中，研究人員請一些受測者坐在五呎平方大的盒子裡，另一些受測者是坐在盒子外。在另一項實驗中，一些受測者是在房間裡走直線，另一些受測者是隨便走曲線。做完上述的動作後，研究人員請所有的受測者做多種不同的創意任務。那些在盒子外思考及隨便走的人，創意得分明顯較高。以有創意的方式行動，會直接影響受測者的想法。

　　根據這些實驗結果，你思考紙張的另類用途，應該會比思考鉛筆的另類用途來得容易。想要發揮創意嗎？不必去上昂貴的另類思考課程，只要出去隨興漫步一段時間就行了。

　　想要進一步激發創意，你可以表現出很有創意的樣子。撕下267頁的空白，花點時間思考如何把它變成藝術品。在你決定行動之前，先看一下下面的列表，看你想到的點子有沒有在裡面。

　　以下列的方式，創意運用那張紙……

- 裁出天際線或人的剪影。
- 摺成箱子或模型。
- 在紙上隨意塗鴉，然後把塗鴉變成一幅畫。
- 捏成雕塑。
- 為本書製作「自動彈起」的裝置，讓它變成立體書。
- 製造有趣的陰影。

- 臨摹名畫或藝術品。
- 製成激勵人心的海報。
- 做摺紙，摺成青蛙、小鳥、飛機或天鵝。
- 把紙弄皺，讓皺褶變成圖案。
- 摺起來，撕成碎片，製造雪花效果。
- 摺起來，撕去一部分，撕出一串人像。
- 做成手翻動畫書。
- 把紙摺成手風琴。
- 撕成小碎片，重新組成一件藝術品。
- 做成衣服或配件，例如：帽子、戒指或徽章。
- 製作拓印。
- 為你的魔幻王國製作紙幣。
- 做成書籤。
- 挖兩個洞，戴在臉上當面具。

性格未定論

人的性格裡，有很大一部分是不固定的。他們會接受自己及他人分配給他們的角色，從而發展出配合那個角色的身分意識。電影《叛獄風雲》（*The Experiment*）講述的正是這樣一個曾經真實進行的金巴多監獄實驗，和過程中實驗對象們所呈現出來的人性反應。

　　法律規定，任何有關社會心理學史的書籍，其內容都必須介紹金巴多監獄實驗（Zimbardo prison experiment），所以很多作者只好把它硬擠在研究中，通常是塞在米爾格倫（Milgram）知名的電擊研究和談邪惡的乏味內容之間。幸好，我沒有類似的困擾，因為金巴多的經典實驗在我們探索「裝假成真」原理和身分意識的關係中，扮演重要的角色。

　　菲利浦‧金巴多（Philip Zimbardo）在經濟大蕭條時期，生於紐約市的南布朗克斯貧民區。他對於居住環境對行為的影響很感興趣，所以一九六〇年代致力研究心理學，後來到史丹佛大學任教，在那裡做了舉世震驚的實驗。

　　在實驗開始前，他把史丹佛心理系的地下室改造成監獄，把幾個小房間改裝成牢房，把門改成鋼條柵欄，其他地方則改成獄警的住處及犯人的「闖場」。這個假監獄裡也裝了幾面雙面鏡及隱藏攝影機，讓研究人員觀察與記錄受測者的行為。

接著，金巴多在當地的報紙上打廣告，招募男性參加為期兩周的監獄生活實驗。每位申請者先收到一份詳細的問卷，內容詢問他們的背景、心理健康及過往的犯罪紀錄。金巴多仔細篩選所有的申請者，挑出二十四位心理狀況最穩定、反社會活動最少的人參與實驗。他隨機把他們分成兩組，一半扮演囚犯，另一半扮演獄警，金巴多自己決定扮演典獄長（他後來說那舉動是嚴重的判斷錯誤）。

　　實驗開始以前，當地警方和反戰的抗議人士在史丹佛的校園裡發生暴力衝突，金巴多發現市警局的局長很想改善警方和校方的關係。於是，他詢問局長，能否派一些真的警察來支援他的實驗最初階段，局長答應了。實驗的第一天，帕洛奧托市警局突然到九名「罪犯」的家中逮捕他們，每一位都被指控有竊盜或持械搶劫的罪嫌，全銬上手銬，送到當地警局。接著，警察對他們搜身，留下手印，蒙住他們的眼睛，把他們轉送到金巴多的假監獄。

　　扮演「獄警」的受測者則是穿上卡其制服、配備口哨、鏡面式的太陽眼鏡、木製的警棍。三人一班，一班值勤八小時，來看守監獄。

　　囚犯的日子就難過了，他們一到監獄後，獄警給他們每人一個號碼，要求他們脫光搜身，拿走他們的衣物，要求他們穿上不合身的罩衫。罪犯不得穿內衣，踝關節也拴上腳鍊，二十四小時都住在監獄裡，一天吃三頓平淡的食物，整天只能上三次廁所。

　　獄警很快就徹底融入他們的角色，他們變得很專橫，以罪犯的編號呼叫罪犯，不時謾罵威脅他們。如果犯人不乖乖就範，獄

警就逼他們反覆背誦自己的號碼，不讓他們上廁所，並把牢房中的寢具移走。實驗的第二天，一些罪犯決定起義，他們堵住牢房的門，扯下自己的編號。獄警則用滅火器攻擊他們（諷刺的是，大學倫理委員會之前堅持，配備滅火器是為了保護囚犯），並扒光他們的衣服，單獨關禁閉，罰他們做伏地挺身。

實驗期間，克莉絲蒂娜‧瑪絲勒（Christina Maslach。史丹佛大學的心理學研究生）正好跟金巴多交往。她對男友的實驗進展很好奇，所以去了一趟假監獄，跟沒值班的獄警聊了一下。她覺得那個人很友好親切，過了一會兒，研究人員問她想不想看值班獄警的狀況。他們告訴她，他們把一位獄警稱為「約翰韋恩」，因為他對待囚犯的方式格外兇狠。瑪絲勒一看，驚訝地發現那個「約翰韋恩」就是剛剛見到的友善男士。他不在監獄裡時，看起來很和善；進了監獄後，就完全變樣，喝叱並虐待囚犯。

參觀完監獄後，瑪絲勒與金巴多大吵了一架，她覺得情況已經失控了，應該馬上停止實驗。平常很溫和、敏感的金巴多，這時突然變得冷漠，執意繼續實驗。瑪絲勒很震驚，得知金巴多自己還擔任典獄長的角色，已經不再置身實驗之外，而是實驗的一部分。後來爭論持續不斷，金巴多也意識到情況不對勁，決定終止實驗。實驗原本計畫進行兩周，結果突然在第六天喊停。

金巴多實驗的一大關鍵，是探索一個人表現得像囚犯或獄警時，是否會影響他的身分意識。實驗結果不僅迅速顯現，也相當驚人。實驗結束後，一位獄警說：

我本來以為我做不出那種事。當我發現我竟然做出那些意想不到的行為時，我很驚慌。但我在做的時候，一點也不覺得遺憾或愧疚。我是事後反思自己的所作所為時，才意識到真相，發現我之前沒注意到的自我。

同樣的，那些囚犯的身分意識也變了，多數人變得極其消極與順從。這種迅速轉變通常對囚犯有極大的負面影響。道格·柯皮（囚犯8612）出現激烈的情緒反應，在實驗第二天就提前退出實驗（柯皮對自己在實驗中的反應很好奇，後來研究司法心理學，在加州監獄任職）。幾天後，另四名囚犯也因為出現焦慮、憂鬱、憤怒的跡象而退出實驗。

金巴多的實驗顯示了裝假成真的威力。人的身分意識是來自於姓名、服飾和樣貌。在監獄實驗中，這一切都遭到移除，讓他們失去原本的身分意識，換成被分配到的身分。

當受測者的穿著與行為像囚犯或獄警時，他們開始以符合該角色的方式思考。一組人突然變得兇狠專橫，另一組人則突然變得消極順服。

金巴多的實驗是在模擬監獄中進行，利用「裝假成真」原理製造兇狠和焦慮。其他的研究顯示，同樣的原理也適用在日常生活中，可應用在多種身分上。例如，在一個實驗中，研究人員追蹤一群女性的生活多年，發現在職場上承擔更多責任的女性，性格比較自信果斷。在另一個實驗中，研究人員發現，員工的工作難度愈高，他們也變得愈靈活，愈有自信。人的性格裡，有很大一部分是不固定的。他們會接受自己及他人分配給他們的角色，

從而發展出配合那個角色的身分意識。

與金巴多監獄實驗不同的是，也有心理學家透過探索如何運用這個原理來幫助人們改善生活品質。

用角色扮演培養新的身分意識

一九〇五年，喬治‧凱利（George Kelly）出生於堪薩斯州的農場。原本念的是物理學，後來，進入愛荷華州立大學深造，最後拿到心理學的博士學位。他知道經濟大蕭條時期農家生活困難，於是決定帶著心理學的知識上路，當個四處巡迴的心理治療師。

一開始是採用佛洛伊德的方法，請農民躺在沙發上描述夢境。但他很快發現，對踏實純樸的農民來說，佛洛伊德的理論太深奧了，所以他開始研究更務實的方法來解決他們的問題。

凱利的早期發明之一是「鏡子時間」。他鼓勵農民花三十分鐘坐在鏡子前，看著自己的鏡中影像，想想自己看到什麼？他們喜歡鏡中的人嗎？鏡中的人與他們理想中的自己有什麼不同？他們在自己的臉上，看到了哪些別人沒注意到的東西？

雖然大家都喜歡盯著自己的眼睛看，但是凱利不確定這種照鏡子沉思的方式對人是否有益。所以他決定擷取以前教人們演講的經驗，鼓勵大家探索觀察世界的其他方法。

大量的治療經驗讓他相信，人的性格不是固定的。就像演員在整個職業生涯中會扮演許多角色一樣，一般人在一生中也會改變身分。不僅如此，凱利認為，人們看待自己的方式往往源自於他們面對的問題，所以有效的心理治療應當幫病人改換比較好的

身分。他把這種方法命名為「固定角色治療」，後來逐漸發明了一系列幫人更換身分意識的有效方法。

固定角色治療的第一階段包括多種練習，目的是幫助你了解你現在如何看待自己。其中一個最受歡迎的練習，是比較你和幾位認識的人，以找出你是用哪些心理面向把人分門別類。另一個練習是從別人的角度，簡單描述你自己（參見276-281頁）。

根據以上練習的結果，接著你開始為自己設計新的身分。這可能需要全面修改你的性格，或只要稍微改幾個小地方。然後，你花點時間想想這個「全新自我」在你日常面臨的情境中如何運作，這可能需要做一些角色扮演，幫你確定新的行為模式。

第二個階段，你「扮演」那個全新的自我兩周。凱利的研究出現奇怪的現象：很多人以全然不同的方式扮演全新自我幾周後，開始忘了自己是在演戲，逐漸培養出新的身分意識。許多凱利的病人表示，全新自我就好像真實自我一樣，他們直到現在才意識到。

一如「裝假成真」原理的預期，表現出自己想要的樣子，會因此創造出新的身分意識。

同樣的原理也可以用來幫人了解別人眼中的世界，從而拉近彼此的距離。例如，在一項研究中，研究人員要求一組學生表現出最近出車禍下肢癱瘓，只能坐輪椅的樣子。接著要求學生花二十五分鐘，坐著輪椅走完指定路線，那條路線會經過幾個電梯、斜坡和門。另一組學生是跟在輪椅後面，親眼看著前者的一切行動。接著，研究人員問所有的學生對殘障議題的看法，例如，是否應該撥用公共資金建設新的復健中心。結果兩組學生的

回答有顯著的差異，坐過輪椅的學生對殘障人士比較有同理心。同樣的原理也常用於名叫「心理劇」的治療方法上。要求病患改換不同的角色身分，甚至扮演朋友或同事，病患就能從幾個截然不同的角度審視自己的生活。

　　凱利的研究為全球成千上萬人提供了更好的全新自我，後來的新科技又把他的點子發展到以前難以想像的境界。

你覺得你是誰？

第一部份：

想知道你如何看待自己及他人嗎？以下兩個練習是以凱利的研究為基礎設計的，可以幫你了解你如何看待目前的性格。

練習一：你的構成

這個四階段的練習通常需要二十分鐘的時間，目的是幫你了解你用來看待自己及他人時所用的主要面向。

第一階段：想出五位你很熟的人，也許是你母親、父親、好友、老闆、伴侶、同事或舊情人。把他們的名字寫在下面。

第一人：

第二人：

第三人：

第四人：

第五人：

第二階段：看下表的第一列。「第一人」和「第二人」那兩欄下面有許多X，思考一下第一人和第二人的性格與你不同的地方。例如，他們都很外向，你很內向。或他們都很吝嗇，你很大方。接著在「他們的共同點」那一欄寫下第一人和第二人的共同

點，把相反的性格（亦即你的性格）寫在「我」那一欄。

第一人	第二人	第三人	第四人	第五人	他們的共同點	我
X	X					
	X	X				
		X	X			
			X	X		
X		X				
	X		X			
		X		X		
X			X			
	X			X		

第三階段：接下來，看下一列，重複同樣的程序。這次，想想第二人和第三人有什麼共同點，他們與你有什麼不同點。以此類推，完成這個表格，試著每次都想不同的性格。

第四階段：看看「我」那一欄中列出的性格，找出裡面的共同點。「焦慮」或「悠哉」是否經常出現？還是「外向」或「內向」經常出現？這些就是你用來看待自己及他人的核心架構。

以下是個完成的範例：

第一人：約翰

第二人：凱蒂

第三人：珍妮

第四人：大衛

第五人：艾瑞卡

第一人	第二人	第三人	第四人	第五人	他們的共同點	我
X	X				細心	宏觀
	X	X			藝術性	務實
		X	X		焦慮	悠哉
			X	X	悲觀	樂觀
X		X			混亂	有條理
	X		X		負責	不可靠
		X		X	隨和	固執
X			X		內向	外向
	X			X	神經質	悠哉

練習二：自我描述

花二十分鐘簡單描述你自己，必須從第三者的觀點描寫，或許你可以從好友或同事的角度來寫你。

第二部分：

以下階段的目的是要幫你打造與採用新的身分意識。

第一階段：看你在第一部分的練習一中形容你自己的用語，你覺得這些性格不好或有問題嗎？接著，看你在練習二中對你自己的描述，裡面是否透露出你想改變的性格面向？例如，也許你覺得自己自信不夠、不擅長交朋友、太強勢或有點自私。

第二階段：根據以上的資訊打造全新自我。如果你不知道自己該如何改變，可以想想朋友、同事、偶像，或甚至書中、電影中、戲劇中的虛構人物，想想你欣賞他們的哪些特質？或者，你也可以參考下表列出的性格優點，從中挑出一個或幾個特別有吸引人的性格。

性格優點	簡單描述
創意	擅長想出新奇的做事方法
好奇	喜歡探索與發掘事物
開明	願意從不同的角度思考議題

勇敢	遇到威脅或挑戰不退縮
堅持不懈	遇到困難，不屈不撓
活力	以熱情和活力面對人生
愛	能和他人培養出親近的關係
善良	樂善好施
公民意識	合作，支持周遭的人
領導力	負責，引導前進
寬恕	原諒犯錯的人
謙虛	不引人關注自己的成就
審慎	展現自制力，不過度衝動
感恩	對生活中的美好事情充滿感謝
希望	期待美好事物即將發生，願意努力達成
幽默	笑看生活，輕鬆愉悅

接著，簡短描述「全新自我」，把焦點放在你在日常的情境中會有什麼不同的表現。假設你平常比較強勢，有點咄咄逼人，常和朋友或同事起爭執，「全新自我」可能比較隨和有趣。如果你是這樣，你該怎麼做？你會到處開玩笑嗎？徵詢他人的想法和意見，接受他們的建議，而不是拿來爭論嗎？你會特別花心思，給予他人讚賞和鼓勵嗎？

或者，想像一下，有些人說你太小氣，你希望改變這點。你的「全新自我」會做慈善捐款、送禮給別人、特地花心思去幫助

身邊的人嗎？

　　又或者，你想變得更有自信一些，你身邊有沒有特別果斷自信的朋友或同事，可以給你一些啟發？他們面對你的困難時會如何應付？你可以假裝成他們，在那些情況下做出不同的表現嗎？

　　第三階段：花兩周時間扮演你的新身分。把焦點放在改變行為上，而不是改變思維。為此，你可以請好友或家人和「新的你」模擬幾個常見的情境。此外，你不必把這個過程看成永久的變化，可以想像你的「原來自我」去度假兩周了。不過，你必須全天候二十四小時都扮演新角色，即使獨處時也要繼續。「裝假成真」原理會讓你覺得自己好像變了一個人，「全新自我」很快就會變成你真實身分的一部分。

　　註：這裡說明的練習是心理學家常用的技巧，如果你覺得自己的人生面臨嚴重的問題，請諮詢專業人士。

虛擬世界與「裝假成真」原理

傑瑞米・貝倫森（Jeremy Bailenson）是史丹佛大學虛擬人際互動實驗室的負責人。他的研究大多是創造電腦人像（亦即「虛擬分身」），讓那些分身在虛擬世界裡活動。貝倫森得知「裝假成真」原理後，想知道那原理是否也適用在他創造的虛擬世界裡。例如，在虛擬世界裡分身較高大的人，在現實生活中是否也比較果斷自信？或者，在虛擬世界裡穿黑衣的人，在現實生活中是否比較積極兇悍？

這似乎充滿了無限可能，但貝倫森必須先證明該原理在虛擬世界裡是否可行。為了找出答案，他把焦點轉向風靡全球的電腦遊戲《魔獸世界》（*World of Warcraft*）。

《魔獸世界》是廣受歡迎的線上奇幻遊戲，全球有數百萬玩家在虛擬世界中格鬥。玩家在遊戲中參與圍城和許多的傳奇體驗，每位玩家要通過六十級，難度愈來愈高。遊戲開始以前，玩家們必須建立自己的虛擬分身，分身共分八種「種族」，包括地精、夜精靈，獸人、食人妖、人類等等，身高各不相同。例如，地精比較矮，食人妖高大許多。

貝倫森和同事余健倫（Nick Yee）知道，在現實生活中，高個子比矮個子果斷自信，他們想知道《魔獸世界》的虛擬分身會不會也有同樣的現象。為了找出問題，他們看了七萬六千多位玩家的資料，研究虛擬分身的高度和遊戲成績之間的關係。結果發現，虛擬世界跟現實世界一樣，高大的虛擬分身（例如，食人妖和獸人）比低矮的虛擬分身（例如，侏儒或地精）成績更好。這結果有兩大寓意：這表示「裝假成真」原理也適用於虛擬世界；

更實際的一點是，如果你想在《魔獸世界》裡勝出，就當食人妖，別當地精。

貝倫森和余健倫對研究結果都很興奮，但他們發現兩個問題。批評者可能會反駁，能力強或比較有自信的玩家可能在遊戲一開始就是選高大的虛擬分身，而且即使虛擬分身的高度的確影響他們的線上遊戲成績，那也不見得會影響他們的現實生活。於是，他們用第二個實驗來解決這兩個問題。

在第二個實驗中，他們找來一群學生戴上虛擬實境的眼鏡，那眼鏡讓他們在螢幕上看到自己的虛擬分身。為了讓實驗盡量接近現實，研究人員把高科技的感應器接上學生的臉，手臂和腳，讓虛擬分身模仿他們的動作。學生往左看時，虛擬分身也會往左看。學生跑動時，虛擬分身也會跟著跑。這種密切搭配實際行動及虛擬分身的方式，使學生很快就覺得自己就是螢幕上的人物。

實驗一開始，研究人員隨機指派高大或矮小的分身給受測者。等學生在虛擬世界裡玩了一段時間後，就請他們拿下眼鏡和耳機，回到現實世界，與其他的受測者玩另一個遊戲《最後通牒》（*Ultimatum*）。

在這個遊戲中，玩家只有一次機會提出一個分錢方案，和對方共分一百美元。如果對方同意他的提案，錢就照著分；如果對方反對他的提案，兩人都分不到半毛錢。世界各地的心理學家使用這個測試已經好幾年了，他們覺得第一位玩家的提案可反映出他的積極與果斷和自信的程度。

一如「裝假成真」原理的預期，虛擬分身高大的人比虛擬分身矮小的人提案更大膽，而且差異很明顯。平均而言，分身高大

的人是提議六四分；分身矮小的人是提議五五分。不僅如此，分身高大的玩家在接納或回絕對方提案時也比較果斷自信。對方提議的75/25分帳時，分身高大者約有60%拒絕，分身矮小者只有30%拒絕。

貝倫森和余健倫的研究，為大量類似的研究奠定了基礎。在一項研究中，有的受測者看到自己的分身在使用跑步機，另一些人則看到虛擬分身在休息。後來研究人員追蹤這些受測者一段時間，發現在虛擬世界中跑步的人，在現實生活中更有可能運動。在另一個實驗裡，虛擬分身是老人的玩家，比較可能同意每月多撥一點薪資到養老基金中。

研究一再證實，「裝假成真」原理在虛擬世界裡也一樣可行，而且虛擬分身的行為也會影響現實生活的思想與行為。貝倫森以可隨意改變形狀與身分的希臘海神為這種現象命名，稱之為「海神效應」（Proteus effect）。這個效應為「裝假成真」原理開啟了新的世界，那個世界遠超乎我們的想像。

行為與減緩老化的關係

戲劇家蕭伯納（George Bernard Shaw）曾說過：「我們不是因年老而停止玩樂，而是因停止玩樂才會變老。」實驗也證明，表現出年輕的樣子可以減緩老化，其中跳舞是延緩老化效果最有效的方法之一。

　　心理學家艾倫‧蘭格（Ellen Langer）生於紐約布朗克斯區，在紐約大學讀化學系，但後來覺得整天埋首於試管的日子不適合她。她修了金巴多教導的心理學入門課程，從此對心理學深深著迷。她後來成為哈佛大學的教授，大部分的研究是為了揭開老化的祕密。

　　她在職業生涯中做了許多引人注目的研究。在一個經典的實驗中，她讓療養院裡的一些老人各自照顧一個盆栽；另一些老人也拿到了盆栽，但是研究人員告訴他們，療養院的員工會負責照顧。六個月後，那些只被剝奪一點控制權的老人比那些可以隨心所欲照顧盆栽的老人更不快樂、不健康、不活躍。更令人難過的是，那些沒照顧盆栽的老人中，有30%過世了；照顧盆栽的老人中，只有15%過世。

　　在一個類似的實驗中，蘭格鼓勵老人表現出自己頭腦仍很靈活的樣子，並檢查那樣做的效果。在這個實驗中，研究人員每周去拜訪一群老人，問他們一些問題，例如，護士的名字、某天療養院裡舉辦什麼活動等等。如果老人不確定答案，研究人員就鼓

勵他們在下次見面以前找出答案。結果效果很明顯，相較於對照組（研究人員沒問他們問題），那些問題讓老人有更好的短期記憶，看起來更靈敏。研究人員兩年半後又去造訪療養院，發現只有7%的老人過世，對照組則有近30%過世。

不過，蘭格最著名的研究，是利用「裝假成真」原理帶老人重返往日時光。一九七九年，她找來一批七八十歲的男性，帶他們去波士頓外的郊區做為期一周的「懷舊之旅」。實驗開始前，蘭格請所有的受測者先做連串的測量，包括身體健朗度、姿勢、視力、記憶力等等。

接著，她把這些老人隨機分為兩組，告訴其中一組（「穿越時空組」）那個實驗是研究活在往日時光對心理的影響，她告訴另一組那個實驗是研究懷舊的影響。蘭格決定讓時光倒流二十年，所以她鼓勵受測者假裝活在二十年前或回憶二十年前的生活（亦即一九五九年）。

接著，她安排大巴士把那群要重過往日時光的人載到一間十英畝大的鄉間休閒會館。為了讓他們調整心情，蘭格沿途在巴士上播放一九五九年的廣播節目。她積極鼓勵受測者在實驗中持續表現出年輕二十歲的樣子，例如，當他們抵達休閒會館時，沒人扶他們下車，他們必須自己把行李拿到屋裡。此外，休閒會館裡也沒有他們家中常設的欄杆或其他的行動輔助裝置。

實驗前，他們也請受測者提供一九五九年的照片，所以老人一進房間時，就會看到房間裡擺著那些照片，還有一九五九年的《生活》雜誌（*Life*）及《周六晚郵報》（*The Saturday Evening Post*）。

大家放好行李後，來到大廳集合。大廳裡到處擺著那個年代的物品，包括黑白電視、復古收音機。蘭格告訴他們，後續幾天談到過去的事情時，都必須用現在式的時態，聊天時不能提到任何一九五九年以後的事。

　　每天受測者都參與研究人員精心設計的活動。例如，在一項活動中，研究人員要求他們以現在式寫自傳，寫到一九五九年為止。在其他的時候，他們一起到臨時的電影院，觀賞詹姆斯·史都華（James Stewart）主演的電影《桃色血案》（*Anatomy of a Murder*）；參與討論美國發射第一顆人造衛星；使用舊的價格玩《全民估價王》（*The Price Is Right*）遊戲；聽艾森豪總統的演講；圍在一起聽收音機播報名叫「皇家軌道」（Royal Orbit）的馬贏得一九五九年的普瑞尼斯賽馬（Preakness）冠軍。

　　至於對照組的老人，他們的生活大不相同。他們在巴士上是聽現代音樂，以過去式的時態回憶一九五九年，房間裡擺的是現在的照片，觀賞的是現在的電影。

　　才過幾天，蘭格就可以明顯看到「裝假成真」原理的驚人效果。「穿越時空」的老人現在走路更快了，也變得更有自信。不僅如此，一周內，幾位受測者覺得他們走路不需要枴杖了。蘭格在實驗中對老人做了多種心理與生理測試，發現穿越時空組的老人在雙手靈活度、行動速度、記憶力、血壓、視力、聽力方面都有進步。有趣的是，穿越時空組中，60%的老人智力測驗的成績進步了，相較之下，對照組進步的比例只有40%。表現出年輕的樣子，讓他們的身體和心理都少了好幾歲。

　　為了證實蘭格的實驗是可以複製的，英國廣播公司（BBC）

最近重做了一次她的實驗，找來六位上了年紀的英國名人，這六個人都答應重返一九七〇年代的當紅時期。BBC找到當年那些名人的房間照片，詳細改造房間，連壁紙和地毯都換成以前的花色。實驗的一周內，每位名人都有機會重溫一次他們一生中最重要的時刻，例如，舞蹈家萊昂內・布雷爾（Lionel Blair）重返帕拉丁劇院，設計一場表演。

僅一兩天內，很多名人的記憶力、體力、精力、心情都變好了。八十八歲的演員麗姿・史密斯（Liz Smith）曾中風三次，不良於行，但很快她就不用拐杖自己行走了。在實驗開始前，板球裁判迪齊・伯德（Dickie Bird）是位孤單落寞的獨居老人，但幾天內他已變成派對上的靈魂人物。受測者做體檢後發現，其中兩人的大腦比實際年齡年輕二十歲，所有的老人記憶力和智力都有顯著的進步。

還有很多其他的實驗也證明，表現出年輕的樣子可能減緩老化。

在另一項實驗中，蘭格請受測者扮演空軍飛官，然後檢查那樣做對視力的影響。十九位空軍軍校學員先接受了視力檢測，然後隨機分成兩組。指導員請其中一組的每個學員逐一進入模擬飛行艙裡開飛機。另一組的學員也進入飛行艙，但指導員告訴他們模擬器壞了。接著，所有的受測者都透過駕駛艙的窗戶閱讀飛機旁邊寫的字。假裝自己是飛官的學員視力改善了40%，對照組則毫無變化。

有些研究是探討身邊有孩子是否真的可以讓你保持年輕。在一項研究中，蘭格比較晚年生子及早年生子的女性壽命。你可能

以為四十幾歲時追著小孩跑不是好事，那你可就錯了。事實上，晚年生子的婦女比較長壽。蘭格也去查了婚姻登記冊，找出年齡差四歲以上的夫妻，她預測年紀較小的一方會表現出比實際老的樣子，年紀較大的一方會表現出比實際年輕的樣子。那也對他們的壽命有很大的影響，年紀較小的一方壽命短了很多。

另外，我前面也提過跳舞的好處。紐約市愛因斯坦醫學院的研究人員在一九八〇到二〇〇一年間，追蹤五百多位受測者。每個人剛加入實驗時，研究人員都會請他們評估他們做多少可刺激大腦運作的活動（例如，閱讀、自由寫作、填字遊戲、棋盤遊戲、討論、彈樂器），或刺激身體的活動（例如，網球、高爾夫、游泳、騎單車，舞蹈、散步、爬山、做家事）。當五百多位受測者都年滿七十五歲以後，研究人員追蹤他們罹患老年癡呆症的程度。閱讀的人罹患癡呆症的可能性下降35%，每周至少玩四天填字遊戲的人是下降47%。有趣的是，幾乎所有的運動（例如，騎單車或游泳）都沒有任何效果，唯一的例外是跳舞。經常跳舞的人，罹患癡呆症的風險下降了76%。這些經常跳舞的人表現出年輕的樣子，久而久之也延緩了老化效果。

戲劇家蕭伯納曾睿智地說過：「我們不是因年老而停止玩樂，而是因停止玩樂才會變老。」

哪些行為有助減緩老化

根據蘭格的研究，以下是五個幫你減緩老化的小祕訣：

1. **掌握自己的生活**：別把年老和無助及依賴他人聯想在一起。相反的，盡量自己掌控生活中的許多面向。蘭格的研究顯示，即使只是一點掌控權，也有很大的效果。例如，自己買東西、照顧植物、打理花園、養寵物、理財，或是自己隨興出去走走。

2. **多動腦**：「大腦訓練」對大腦健康有沒有影響，如今仍有很多爭論。不過，表現出對周遭世界很感興趣的樣子對你有利。試著掌握世界新聞的動態、了解自己周遭發生什麼事、開始寫部落格、設定目標、保持好奇心；維持興趣和嗜好，與朋友及家人保持聯繫。

3. **維持心態年輕**：蘭格的研究顯示，常和孩子或年輕人在一起的人比較年輕。多騰出時間和孫子、年輕朋友及鄰居相處。

4. **積極主動**：像年輕人一樣走動，保持身體活躍，持續運動，腳步輕快。切記，跳舞是最有心理效益的青春活動。

5. **花心思**：你的外貌會影響你的感受。在一項實驗中，蘭格衡量女性染髮前和染髮後的血壓。覺得染髮後看起來更年輕的女性，血壓明顯下降了。多花點心思穿比你實際年齡年輕幾歲的衣服。

CONCLUSION
結語

- 催眠女人
- 觀察半個大腦
- 了解為何你對任何事情都有雙重想法

「我們看到的一切顯示，這些人有兩個不同的大腦，亦即兩個不同的意識半球。」

——神經學家羅傑・斯佩里（Roger Sperry）

用「裝假成真」改變世界

「裝假成真」這個看似簡單的概念為多種快速、簡單、有效的自我發展技巧提供了理論基礎。現在，該拋除過時的心理觀念，讓它幫大家改善生活及改變世界，重新開始，展開行動吧！

這本書帶我們了解了身體與大腦的驚人真相。數千年來，大家以為大腦和身體的關係就像騎師和馬，認為是大腦決定身體運作，就像騎師控制馬的行為一樣。也因此，想改變生活的人往往花費了大量時間和金錢，試圖改變自己的想法。他們在所謂的大師或人生導師的鼓勵下，想像完美的自己、像富翁一樣思考、抱持正面的心態。可惜，這些改變方法困難又費時，通常也毫無效果。

一個世紀前，哈佛大學的哲學家詹姆斯徹底顛覆了傳統的人類心理概念。他認為行為會影響思維和感覺，聲稱只要改變行為就能輕易改變想法和情緒。他提出這種聽起來很詭異的理論八十年後，一些創新的研究人員第一次展開實驗，驗證他的說法是否正確。他們證實了詹姆斯的理論，也激勵了其他科學家做類似的研究。多年來，這些實驗陸續證明，「裝假成真」原理可以用來解釋情緒、動力、信念、性格。

這些實驗的結果非常明顯，不只大腦會影響身體，身體也會影響大腦。這個簡單的觀念促成了一系列快速、簡單、有效的方

法，幫大家變得更快樂、擺脫焦慮和憂鬱、墜入情網、永遠過著幸福快樂的生活、解決拖延的問題，甚至延緩老化。這些方法都不需要改變思考方式，而是需要拋除自我成長的框架，改變行為模式，就像詹姆斯的名言所說的：「想要某項特質，就表現出你好像已經具備了。」

這個原理對想要了解大腦奧祕的人來說有著重大的意義。心理學從十九世紀末開始發展以來，一直在找一個能夠解釋人類心理多重面向（包括情緒、思想和行動）的概念。例如，動力心理學的研究得出幾種理論，幫忙解釋是什麼因素讓我們起床行動，但是這些理論不能幫我們進一步了解快樂。同樣的，其他研究解開我們悲傷時發生了什麼事，但是那些理論無法幫我們進一步了解說服的心理。「裝假成真」原理完全不受這樣的限制，從熱情到恐懼、從自信到創意、從毅力到性格，同一套簡單的原理可以解釋多種不同的現象，可說是心理學界第一個大一統的理論。

「裝假成真」原理不僅從理論上看來充滿魅力，更在實務上有重要的意義。我們在本書裡一直看到，這個看似簡單的概念為多種快速、簡單、有效的自我發展技巧提供了理論基礎。緊繃肌肉，就能馬上出現意志力；露出微笑，就會覺得更快樂；站直身子，就感覺更有自信。同樣的原理也激發其他的研究，為長期大規模的改變奠定了基礎，例如，幫人塑造性格、減重、改變整個國家的信念。

現在，「裝假成真」原理的新實驗經常在科學會議上發表，在學術期刊上發布。詹姆斯提出這個爭議性的理論一百年後，這個理論不再無人聞問，如今已是主流心理學的一部分。事實上，

有些研究人員認為，「裝假成真」原理不僅是人類心理有趣古怪的一面，其實在我們清醒的每一刻都在運作。許多奇怪的實驗佐證了這一點，包括後催眠暗示（post-hypnotic suggestion）、活體人腦手術、一張雞爪的照片。

腦中的「老闆」和「觀察者」併存

我幼年時期，對魔術很感興趣，後來也當過專業魔術師。二十幾歲時，我覺得當催眠師可能也很有趣，於是我到附近的魔術用品店，買了奧門・麥吉爾（Ormond McGill）寫的《舞臺催眠新百科》（*The New Encyclopedia of Stage Hypnotism*）。

麥吉爾是經驗豐富的催眠師，藝名是眾博士（Dr. Zomb）。他的書教人逐步深度催眠他人的技巧。眾博士權威十足的語氣啟發了我，讓我從頭到尾拜讀了那本百科，學到多種誘眠的步驟，決定也來小試身手一番。我不想在舞臺上丟臉，覺得先拿朋友克蕾兒來測試這個新技巧比較好。

那時克蕾兒和我合租一間房子一年了，所以她對我的任何懇求已經習以為常，例如，有時我會要求她抽張牌，或把腦袋中第一個冒出的數字告訴我。我問她願不願意當我的第一位催眠測試者，她欣然答應了。十分鐘後，她躺在舒服的舊沙發上，我坐在她旁邊的椅子上。我背誦眾博士最有效的誘眠程序，請克蕾兒閉上眼睛，放空心思。幾分鐘後，她靜躺在沙發上，動也不動。

一切看起來都很順利，於是我要求克蕾兒想像數字「六」不存在，然後從一數到十。隔了片刻，她開始數數，她自信地數著「……四、五、七、八……」，我聽了相當興奮。

我又做了其他幾個標準的催眠練習，最後我決定加做眾博士的後催眠暗示：我告訴克蕾兒，等她醒來以後，她不會記得催眠過程中的任何事情，但會有一股衝動想要在房裡四處走動，然後打開窗戶。

　　片刻後，我數到十，克蕾兒突然睜開眼睛，她有點兒恍惚，問我催眠進行得如何。我告訴她一切過程，解釋消失的六及其他的練習。說完後，克蕾兒站了起來，在房間裡四處走動，最後打開了窗戶。我覺得很有趣，我隨口問她這麼冷的天氣為什麼想開窗。克蕾兒肯定地說，她覺得很熱，需要透透氣。

　　催眠的支持者會說，克蕾兒的腦袋裡像住了兩個人，一個控制她的行為（我們姑且稱之為「老闆」吧），另一個觀察她的行動，試著了解發生了什麼事（「觀察者」）。根據這個理論，在日常生活中，實際操控者是「老闆」，但我們只知道「觀察者」的存在。所以，當「老闆」前往餐廳時，「觀察者」觀察發生了什麼事，進而推論：他肯定是餓了。或者，「老闆」可能深情地望著先生或妻子，「觀察者」推論他們深愛著。

　　但是，人進入催眠狀態後，「觀察者」休息了，我們可以直接和「老闆」對話。當我催眠克蕾兒後，我告訴「老闆」在催眠結束後打開窗戶。

　　克蕾兒清醒後，「觀察者」也醒了，一切看上去都很正常。然後，「老闆」根據之前收到的指示，打開了窗戶，「觀察者」看到發生的情況，進而推論：克蕾兒想必覺得很熱。

　　心理學家對於催眠的性質一直爭論不休。有些人認為，人的確可以進入一種奇怪的出神狀態，在催眠過程中，我們能和被催

眠者的心理另一層面對話。相反的，有些人認為催眠只是一種精心設計的角色扮演形式。這類辯論很複雜，已延續多年，我對克蕾兒的催眠實驗並不算是證明「老闆」和「觀察者」存在的有力證據。幸好，還有許多的實驗證明人腦中有兩個人。

在有些腦部手術中，病人可以保持清醒和意識，能即時表達他們的想法和感覺。一九六〇年代末期，腦科醫生荷西·戴加多（José Delgado）覺得在手術時刺激病人腦部的不同區域並觀察病人的反應，應該很有趣。在一些手術中，戴加多以微量的電脈衝刺激病人控制轉頭的區域。果然，每個病人都慢慢地把頭轉向右邊，接著又轉向左邊。然而，當戴加多問他們為什麼會那樣做時，大部分的人很快就找了理由自圓其說，例如，他們說是在找拖鞋、聽到某個怪音，或是覺得坐立不安。病人似乎又是觀察自己的行為，然後掰一個貌似合理的理由來解釋。

美國的神經心理學家斯佩里在一九七〇年代初期，對這個概念做了最深入的研究。

斯佩里和同事原本想為癲癇症設計新的治療方法。他們知道，人腦分為兩個半球，兩者是由粗大的神經纖維帶「胼胝體」相連著。之前的研究顯示，癲癇症發作是因為大腦某半球過剩的電活動迅速傳往另一半球的結果。斯佩里想知道，如果把連接兩半球的組織切斷，是否能阻止這種腦內的電「風暴」。為此，他對一些癲癇病人動了手術，切斷他們的胼胝體。這個激進的療法相當成功，大部分的病人後來都可以過正常的生活。不過，斯佩里對這些「裂腦」（split brain）病人做的額外實驗，讓我們因此對自己有了更深入的了解。

大腦每個半球都是控制身體對邊的肌肉，例如，右半球控制身體左側的肌肉，左半球控制身體右側的肌肉。同樣的原理也適用於眼睛的顯像，眼界左邊的影像是進入大腦的右半球，眼界右邊的影像是進入大腦的左半球。胼胝體通常會確保這些資訊在兩半球之間迅速地流通，所以大腦的兩半球都能取得相同的資訊。但斯佩里發現，裂腦患者無法這樣分享左右半腦的資訊，所以或許可以找他們來探索兩半球的不同功能。

　　他的實驗團隊在露營拖車上搭建了一個實驗室，把拖車銜接在一輛貨車的後方，就這樣巡迴全國各地，對受測者進行實驗。

　　在其中一項研究中，他叫每位受測者注意螢幕中央的一點。接著，斯佩里在這個點的左邊或右邊映上圖像。他故意把放映的速度調得很快，讓受測者沒時間移動眼睛，這可確保影像只進入他們左右腦的其中一邊。

　　左腦是控制語言能力和自我意識，所以斯佩里把圖像映在螢幕右側時，受測者可輕易說出圖像的名稱。但是把同樣的圖像映在螢幕左側時，那影像是送進右腦，受測者覺得自己沒看到東西，不過圖像還是影響了受測者的行為。例如，「微笑」這個詞出現在螢幕左側時，病人會露出微笑。裸女圖像出現時，有時男性受測者會露出會心一笑。

　　這些病人不知道自己為何有那些行為，所以研究人員請他們解釋為什麼時，他們會說微笑是因為覺得實驗很有趣，或說他們露出會心一笑是因為覺得研究人員很迷人。這就好像「觀察者」觀察自己的行動後，試圖解釋發生什麼狀況一樣。

　　在另一項研究中，研究人員讓裂腦病人看兩張圖，每張圖只

讓半邊的大腦看到。接著，他們請受測者看許多其他的圖片，從中挑出和原始圖片最接近的圖。例如，研究人員對病人的左腦打出雞爪圖片，對右腦打出雪景圖片。接著，病人從圖片堆中以左手正確挑出鏟子的圖片，以右手正確挑出雞的圖片。研究人員請病人解釋行為時，病人說雞爪顯然和雞有關，而且你需要鏟子來清理雞舍，這就好像「觀察者」看了自己的行為後，雖然不知道自己為什麼會那麼做，還是會硬掰故事來解釋。

斯佩里的研究顯示，大腦中的一部分決定我們是否進食、睡覺、大笑或哭泣，另一部分觀察我們的行為，然後想出理由，以解釋發生了什麼事。從這個角度來看，「裝假成真」原理就不只是人腦的巧妙現象而已，而是你一生中各種思想和感覺的基礎。

一個世紀以前，詹姆斯主張行為導致情緒的產生，那個簡單的概念改變了一切。一百多年來的研究顯示，詹姆斯的理論可以應用在相當多的心理現象上，從說服到拖延、從害怕到恐懼、從熱情到性格，都可以解釋。不僅如此，它也讓我們深入洞悉人腦的根本特質，可以幫我們改善生活、塑造社會。現在該拋除過時的心理觀念，接納詹姆斯的革命性理論了，運用「裝假成真」原理幫大家改善生活及改變世界，重新開始，展開行動吧！

十種方法改變思維與行為

前面幾章包含許多迅速有效的方法,幫你改變思維與行為。這裡,我們歸納出十種最有效的技巧。

1. 行動力:推拉效果

把東西推開(亦即表現出你不喜歡的樣子),會讓你不喜歡那樣東西。把東西拉近(亦即表現出喜歡的樣子),會讓你更喜歡它。下次看到甜點或巧克力餅乾時,只要把盤子推開,欲望就消退了。

2. 節食:使用非慣用的手吃飯

使用非慣用的手吃飯時,你彷彿在做不尋常的動作,這會讓你更注意你的行動,而不是不加思索地吃東西,那可以幫你減少食量。

3. 意志力:繃緊身體

繃緊肌肉會增強意志力,下次需要戒菸或拒絕奶油蛋糕時,就握緊拳頭、收縮二頭肌、將拇指和食指壓在一起,或是手握一支筆。

4. 毅力:坐直身子,交叉手臂

在一些實驗中,研究人員讓受測者解一些難題並衡量他們堅

持的時間。坐直身子與交叉手臂的人堅持的時間比其他人長一倍。把電腦螢幕放在比視線高一點的地方。當你遇到困難時，就交叉手臂。

5. 自信心：強勢姿態

為了增強自尊和自信心，你可以擺出強勢姿態。如果你是坐著，就往後倚、向上看、雙手交疊放在腦後；如果你是站著，就把雙腳平放在地上、抬頭挺胸，雙手放在前方的桌上。

6. 拖延症：起個頭

想克服拖延症，就表現出你對該做的事情很感興趣的樣子。花點時間為那件事起個頭，你會突然覺得很想完成任務。

7. 創造力：另類思考

如果你想要新點子，就以新的方式行動。花點時間四處走動，那路線要儘量曲折，無法預測。如果那樣做還是沒辦法讓你發揮創意，可以畫畫或做雕塑，表現出藝術家的樣子。

8. 說服：讓人點頭

研究人員發現，人們在聆聽討論時上下點頭（讓他們像贊同論點那樣點頭），會更容易認同對方提出的觀點。當你想鼓勵別人認同你時，就在聊天的時候微微地點頭，對方也會不自覺地回

應你的動作，最後會莫名地認同你的想法。

9. 談判：熱茶和軟沙發

　　人覺得自己和別人有共鳴時，會感到身體發熱。所以請人喝熱茶，讓他的身體暖起來，也可以讓他變得更和善。同樣的，硬式家具和強硬的行為有關連。在一項研究中，研究人員讓受測者坐柔軟沙發或硬椅子，接著協商二手車的價格。坐硬椅的人比較難討價還價，不易變通。

10. 內疚感：洗去罪惡

　　如果你對某件事感到內疚，就去洗個手或沖個澡。在一些實驗中，做出不道德行為的人用消毒紙巾擦手後，罪惡感比其他人少了很多。

怪咖心理學之鍛鍊正能量思維，用科學方法讓好事成真！
Rip It Up: The Simple Idea That Changes Everything

作　　　者	李察·韋斯曼 Richard Wiseman
譯　　　者	洪慧芳
文 字 校 對	謝惠鈴
美 術 設 計	萬勝安
內 頁 排 版	高巧怡
行 銷 企 劃	陳慧敏、蕭浩仰
行 銷 統 籌	駱漢琦
業 務 發 行	邱紹溢
營 運 顧 問	郭其彬
責 任 編 輯	張愛華
總 編 輯	李亞南
出　　　版	漫遊者文化事業股份有限公司
地　　　址	台北市松山區復興北路331號4樓
電　　　話	(02) 2715-2022
傳　　　真	(02) 2715-2021
服 務 信 箱	service@azothbooks.com
網 路 書 店	www.azothbooks.com
臉　　　書	www.facebook.com/azothbooks.read
營 運 統 籌	大雁文化事業股份有限公司
地　　　址	台北市松山區復興北路333號11樓之4
劃 撥 帳 號	50022001
戶　　　名	漫遊者文化事業股份有限公司
三 版 一 刷	2023年4月
定　　　價	台幣420元

Copyright © 2012 by Richard Wiseman
This edition arranged with PEW Literary Agency Limited
through Andrew Nurnberg Associates International Limited
All rights reserved.

國家圖書館出版品預行編目 (CIP) 資料．

怪咖心理學之鍛鍊正能量思維，用科學方法讓好事成
真！/李察．韋斯曼(Richard Wiseman) 著；洪慧芳譯.
-- 三版. -- 臺北市：漫遊者文化事業股份有限公司出版
：大雁文化事業股份有限公司發行, 2023.04
　　面；　公分
譯自：Rip it up : the simple idea that changes
everything
ISBN 978-986-489-765-0(平裝)
1.CST: 行為心理學 2.CST: 自我實現
176.8　　　　　　　　　　　　　112002166

ISBN　978-986-489-765-0
有著作權，侵害必究
本書如有缺頁、破損、裝訂錯誤，請寄回本公司更換。
原文書名：正能量心理學

漫遊，一種新的路上觀察學
www.azothbooks.com
漫遊者文化

大人的素養課，通往自由學習之路
www.ontheroad.today
遍路文化・線上課程